寻秦迹

透过秦俑看秦朝

许卫红　申珅　著

四川人民出版社

序一

    在我写《说说秦俑那些事——秦始皇陵兵马俑一号坑第三次发掘记事》的时候，考古普及读物还难以被认定为专业研究成果。虽然那本小书最终在时任三秦出版社副总编辑的李郁先生的鼎力相助下出版，并入选原国家新闻出版广电总局推出的"首届向全国推荐中华优秀传统文化普及图书"，但回想其过程，不被认可的孤独以及心灵深处隐匿的羞愧感，一度令我脸红、心跳加速，表情很不自然。

    其实专业研究成果和科普读物的差别，只是表现形式不同而已。前者是学术派研究的理论新成果，后者需写得通俗易懂以便于推广新成果。更直白一点说，前者是给专家们看的，后者是给普通老百姓看的。很显然，给普通老百姓看也很重要。因为人民创造了历史，文化遗产的保护需要人民来参与。

    但应该是习惯了专业文体的写作方式，我讲故事的能力可真不行。作为《说说秦俑那些事——秦始皇陵兵马俑一号坑第三次发掘记事》一书的第一位试读者，我女儿申珅曾给出的反馈意见是"根本不知所云"，"你讲的知识无趣、不好玩，又不是我的刚需"。

    这些年来每当我准备分享一些考古知识的时候，耳畔都会响起"无趣""不知所云"这样的声音。这本书的销量也证明她的反馈很有道理，书的可读性严重影响了发行，印量只有3000册还严重滞销。但与不被承认是"科研成果"不同，这样的结果激发了我的好胜心、好奇心，看清了自己的短板和努力的方向。

文物和文化遗产承载着中华民族的基因和血脉，是不可再生、不可替代的中华优秀文明资源。2020年9月28日，习近平总书记在中央政治局集体学习时强调，做好出土文物和遗址的研究阐释工作，把我国文明起源和发展以及对人类的重大贡献更加清晰、更加全面地呈现出来，更好地发挥以史育人的作用。对考古工作者来说，文物的活力在于融入生活、回归社会、服务人民。办一场讲座，出一本普及读物，策划一场展览，走近人民的"大众考古"正是发挥以史育人作用的重要方式。

融入大局，滋养社会。让收藏在博物馆里的文物、陈列在广阔大地上的遗产、书写在古籍里的文字都活起来。践行国家号召，我想认真对待科普读物的创作，拥有一点创新精神，即使不被认可为"研究成果"又如何？至少分享的过程已足以使我喜悦。渐渐地我在不同平台以各种形式发布考古普及作品时，有了底气，有了动力。

写一部科普读物，讲一些中国故事，践行一点使命，我觉得我可以再试试。

来吧，再努力一次。这次我邀请了申珅来加持，她比我更擅长讲故事。再试试，还是从兵马俑考古开始。现在人们对大秦帝国的热度、对历史文化的着迷、对科普读物的需求都与几年前不同，而我又有一种喜欢分享幸运的性格。也因为在那里，我变老，她长大，那个地方有我们的共同记忆。

我俩携手尝试去呈现历史如何有趣、考古发现如何好玩；尝试如何以兵马俑为引线，带领公众了解真实的大秦帝国，让蜂拥而至的观众至少在参观兵马俑时"不踩坑"。原本以为"再试试"宛如炒剩饭，最后却发现别有洞天。各个章节中的新发现、新亮点，让我觉得这本书还颇有"科研成果"的色彩呢。

许卫红

序二

我的爸爸妈妈都是考古工作者。成长在这样一个环境里，我曾经不看他们写的论文，体会不到他们那些新发现、新成果有何酷炫。

为什么在专业著作或者论文之外，不能再把研究成果既不媚俗又生动有趣地表达出来，让更多人感到好玩、有趣呢？毕竟"隔行如隔山"，毕竟"外行看热闹，内行看门道"，毕竟"独乐乐不如众乐乐"！在读研究生期间，我曾写了一篇小文《浅说通俗性考古读物的写作》，发表在《中国文物报》，对一些问题进行了蛮认真的思考。

首先，仅从受欢迎的通俗性考古读物来说，我觉得一本书所提供的信息量应当适度。适度，不偏不倚，不多不少。如何拿捏好信息量的多少，这需要构建写作过程中读者和作者的互动关系。如果肯放下身段和读者沟通，"从群众中来，到群众中去"，则一定会从他们那里获得极大的启发，如此作品可能实现由信息的单向性输入转变为双向性共赢。

非常点赞我的妈妈、尊敬的许卫红老师接受了我的观点，并开启了她的实践之旅。从 2013 年尝试写《说说秦俑那些事——秦始皇陵兵马俑一号坑第三次发掘记事》，到 2014 年以网名"探方里的资深美人"试水微博，到 2020

年出版《考古有意思：秦始皇的兵与城》，到 2023 年入驻多个新媒体平台，她在分享考古知识、讲好中国故事的道路上越"玩"越嗨，欲罢不能。

显然，从业 30 多年，许老师已经形成了一些固化的写作模式，比如精准的数据、晦涩难懂的术语、不加桥段的呈现方式，还有一些"我不多说，你也应该能明白所云为何"的潜意识，因此她的分享常常会让我觉得知识点"散""乱""杂"，从而降低了阅读或者倾听的兴趣和耐心。非常有幸，我再一次成为她首选的试读人，更有幸受邀参与若干章节的策划和执笔，使我有了机会来实践曾经的一些设想。

虽然说从考古人的考古学变成大众共享的考古学，是新时代的新要求和新景象，也有很多包括许老师在内的学者改变了原来的表达方式，但是普及所面对的"大众"绝不意味着全社会所有人。那些将正常的考古发掘一律视为"盗宝""挖墓"而表现得很"愤青"的人，对他们开展公众考古可能还是有些一厢情愿。因此，我期望这本书能被想了解兵马俑、想了解秦始皇、想了解秦国历史、想了解"百代皆因秦法"的一部分读者喜欢。

申坤

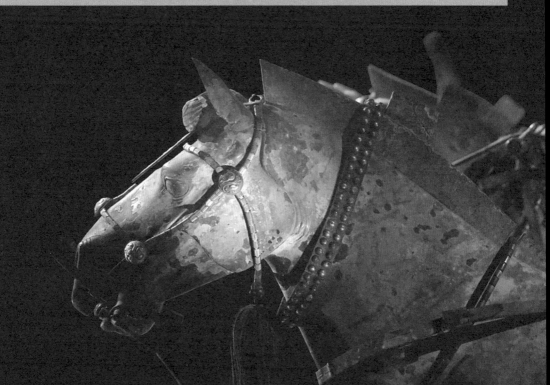

第四章 · 兵器的神话

第五章 · 从兵马俑发散开去

第一章

初识

01

书写秦嬴政

要想看懂兵马俑，必须先从史书中了解一下它们的主人——秦嬴政。

秦嬴政出生于公元前 259 年，卒于公元前 210 年，终年 49 岁。嬴是姓。姓是一种族号，世代相传，一般不会更改，比较稳定；氏是姓的分支，随着封邑、官职的改变而改变。因此，会有一个人的后代有几个氏，或父子两代不同氏的情况，姓氏与人名一起构成了一个人的姓名。秦汉以来，姓氏合为一体。

姓氏是一个人的家族血缘关系的标志和符号。嬴姓源于其老祖柏翳，拜舜帝所赐。但是柏翳一支只是嬴姓之一，按照清代学者段玉裁的解释，同姓

柏翳

舜时人，即大费，也称伯益，古代嬴姓的祖先。《史记·秦本纪》："……佐舜调驯鸟兽，鸟兽多驯服，是为柏翳。舜赐姓嬴氏。"据此秦人以鸟为图腾，柏翳之"翳"应指一种鸟而非眼疾。

的族群包括秦、徐、江、黄、郯、莒。柏翳嬴姓一支历经夏、商、西周传至造父，因战功被周穆王赐封于赵城，即今山西境，据说在洪洞县赵城镇。由此柏翳嬴姓衍生了赵氏，合称嬴姓赵氏。赵氏有庶支同族，居住地在陕西、甘肃一带，首领非子擅长养马，被周孝王于秦地封为附庸，赐秦氏，成为嬴姓秦氏。从柏翳再向前推，可溯至神话人物——少昊、黄帝。

黄帝，传说的中原各族的共同祖先，姓姬。少昊，黄帝的长子，一说为嬴姓，和太昊伏羲一样同为传说中的东夷族祖先和首领，因修太昊之法，故被称为"少昊"。

考古是科学，讲究的是实证，考古工作者并不将神话人物对应到考古研究之中，只承认存在神话传说的历史时代，并根据考古发现，以最早发现的地点命名确定出的不同文化类型，如大汶口文化、龙山文化。考古实证表明，在大汶口文化晚期，鲁中南一带"炅（昊）"族兴起，他们盛行太阳崇拜、鸟崇拜、祖先崇拜以及山川崇拜，以"日火"组合、"日火山"组合、"日火＋羽冠"组合的图像作为族徽，来标识族群身份，后来分化出少昊氏与太昊氏（伏羲氏）两个支族。少昊氏在大汶口文化晚期主要分布于鲁中南和鲁东南一带，大汶口文化末期迁入鲁东南地区，并在龙山文化早中期走向繁荣和强盛，龙山文化晚期少昊氏再迁鲁中南，并分裂成皋陶和柏翳（伯益）等分支①。

顺着伯益再继续向下对秦嬴政刨根问底，细扒下来，所谓"趜趜老秦"原来属于西迁移民。我们每个人向上推三代问祖籍，谁家又不

① 王青. 太昊氏与少昊氏的考古学探索——从宁阳于庄发现的大汶口文化陶文说起 [J]. 中原文物，2021（4）：54-66.

▶ **大汶口文化刻符文大口尊**

表面刻有"日火山"图像，现藏于莒州博物馆

是移民呢？姬、嬴、秦，一个族群的开枝散叶正如中华民族滚雪球般壮大的过程。

因父是质子，嬴政出生于赵国首都邯郸。那个时代诸侯国君的儿子到他国做质子很常见，并没有什么难堪，和儿子在本国是否讨喜、是否受父王宠爱无关。只要两国关系好，质子的待遇很不错，行动自由，还可以在国外攒点人脉，积累政治资本，有利于日后政治地位的稳固。

如果不是子楚为了王位抛下妻儿私自回国，嬴政在邯郸还属于幸福少年那拨儿的。所谓"祸兮福之所倚"，父子分离的痛苦，为嬴政争取到了在政界起飞的平台。子楚回国后登上王位，于是乎嬴政得以在 13 岁名正言顺地成为新秦王，想想还是很划算的。

秦始皇帝既吞天下，乃召群臣而议曰："古者五帝禅贤，三王世继，孰是？将为之。"（西汉·刘向《说苑》卷十四）

也许很多人以为古代皇帝治国都是一言堂，群臣只有按旨行事，其实这是误解。但凡关乎国家大利害的决定，都需组织廷臣集体商议，即廷议。意见不一致时，应摘要奏闻皇帝做裁决或者遵从多数人的意见，颇有点民主集中制的意味。

公元前 221 年，秦王政召开了帝国第一次廷议大会，他说道："黄帝、颛顼、帝喾、尧、舜传位让贤，而夏、商、周三王采取世袭，大家讨论一下哪种做法对？我将效法它。"

这段记载生动有趣。本来秦始皇想玩个沽名钓誉的花活，要借博士们的嘴，说出除了他本人之外，实在找不出可以接管天下的贤良，那样他就可以落下一个想禅贤的好名声。70 位博士都看透了秦始皇的心思，所以没人开口讲话。后来，鲍白令之博士忍不住了，站出来揭穿了秦始皇的鬼把戏。

鲍白令之说："天下公有，禅贤就对；天下私有，世袭就对。五帝是以天下为公的，三王是以天下为私的。……陛下走的是桀、纣的道路，却想像五帝那样禅贤，陛下能做到才怪。"此话一出，秦始皇像被剥去外衣，自然心中十分不畅快。但当鲍白令之列举出大量事实之后，他却只能默不作声，无言以对，接着面露羞惭之色，最后解嘲道："令之这番话是让众人羞辱我。"于是秦始皇顺水推舟，从此再也不提禅让天下了。这次廷议会上，秦始皇确实很虚伪，但又很讲道理，相当有雅量，并不是一副暴君的做派。

很快又一次廷议会召开，重点研讨了建立新型国家的制度和政策，形成了帝国"001号公告"。公告称自"廿六年"开始，国家进入天下统一的新时代。进入新时代的帝国纪年"廿六年"，依旧序按

▲ 秦"二十六年"铜诏版

秦都咸阳城遗址出土。文字为："廿六年，皇帝尽并兼天下诸侯，黔首大安，立号为皇帝，乃诏丞相状、绾，法度量则不壹，歉（嫌）疑者，皆明壹之。"铭文中的"廿六年"是指秦始皇执政秦国的第二十六年（即前221年），也是秦始皇统一六国后的第一年

顺排，并不是归零从元年开始。

年号纪年始自汉代的武帝刘彻，之前都是以王或君的在位时间编序。与年号纪年方式相同，同一位王或君在位期间可以改元，例如秦嬴驷19岁即位称惠文公，纪年为元年，至公元前325年秦惠公十四年，改"公"称"王"，成为秦国第一任王，纪年为更元元年（前325年），开始重新编年。汉代以后使用年号编年，改元的情况更加普遍、任性。新皇帝登基要改，纪念某件大事要改，为了取吉祥之义也得改，同一位皇帝执政屡屡改年的现象非常普遍。比如汉武帝改了11次，唐高宗改过14次，最有趣的是武则天，病愈康复改元"久视"，72岁登嵩山、封神岳，改元"万岁登封"，前前后后共计使用年号18个。

从秦王到秦始皇，嬴政头衔换了，尽管皇帝元年前无古人，纪年方式没用"皇帝元年"。

　　朕为"始皇帝"，后世以计数，二世三世至于万世，传之无穷。（西汉·司马迁《史记·秦始皇本纪》）

进入帝国时代的另一件大事是新议称号。取"古有天皇、有地皇、有泰皇，泰皇最贵"的"皇"，取"兴义兵，诛残贼，平定天下"的功绩实属"五帝所不及"的"帝"，将政权塔尖上的人物职位改称为"皇帝"。

如果断章取义，也许真是在断章取义——毕竟有廷议会的一些文献记录为证——我们会认为秦王政自认神话时代的三皇五帝、商周时代的王、春秋战国时代的君，都不足以显示尊崇，才新议称号为"皇帝"。但通观这件事的整个过程、君臣对话内容，与显示尊崇意图有关、敲明叫响、赤裸裸的言辞并没有出现。

让我们复盘一下事件经过吧。首先，嬴政发表了一通指责。韩、赵、魏、楚都背信弃义，出尔反尔，秦不得不反击灭之；燕王昏乱，这本来是他国之事，可以不予置喙，但是太子丹竟然"阴令荆轲"搞刺杀，秦不得不给点颜色；至于齐王，也是不义在先，绝秦使，欲为乱。其次，又说"寡人以眇眇之身，兴兵诛暴乱，赖宗庙之灵"，很自谦。

接着说了改名号的原因是"名号不更，无以称成功"。改名号只是取得成功、进入下一段的节点标识。虽然这是主人公遮遮掩掩的托词，略显虚伪，但也正是这种托词、虚伪，让人咂摸出一丝卑微、低调的意味。

马上他又补充道："'死而以行为谥。如此则子议父，臣议君'，真没劲，废除了，不如'朕为始皇帝。后世以计数，二世三世至于万世，传之无穷'。"方式简单，希望美好。这一席话透出低调甚至是怕遭受非议的忧虑。

出于指责、标识、希望之意，不仅没有明目张胆的豪气，反而拉大旗作虎皮、畏畏缩缩、遮遮掩掩，甚至忧虑地纠结。如果连贯纪年仅仅视为一种计数方法，本身也许并无多少意义，倘若将它恢复到原有的历史位置上，纪年坚持保留与王国时代的连续性，问题就稍显复杂了。有意为之不是不可能。再与称号更改并列起来看，秦始皇的性格复杂得令人难以捉摸。

劝君少骂秦始皇①，是伟人毛泽东的一句诗文。一个人性格好坏并不意味着人品好坏。秦始皇的性格难以说是"好"还是"坏"，但从古到今把他的人品定为"坏"的居多，暴政、好大喜功、涂炭生灵、天下苦秦，连累得长相也被指摘。

> 秦王为人，蜂准、长目、挚鸟膺、豺声，少恩而虎狼心，居约易出人下，得志亦轻食人。（西汉·司马迁《史记·秦始皇本纪》）

《史记》引尉缭的这段话，前部分是说外貌，后部分是人品点评。据此郭沫若分析说："秦始皇有生理缺陷。塌鼻梁、鸡胸，有气管炎，是个软骨病患者。"这种分析的真实性有多大？如果按照相书来对应一番，蜂准是高鼻梁、鼻头大；长目是眼睛细长，如果能看到自己的耳朵属最好的吉相；豺声与"狼顾"相并，"狼顾"是像狼一样低头走路，预示此人的心机特别重，阴毒异常；挚鸟膺有点类似挺胸，像独立山顶的兀鹰一样。尉缭是秦王政的臣子，居国尉高职，不管是从外形还是人品评价，绝对不可能说出有损主子形象的话语。

他到底长啥样呢？有人说是满脸沧桑、胡子拉碴的陕西大叔，有人说是颜值高、气质佳的型男，谁知道呢？身体发肤受之父母，中年嬴政必然有胡子；身为贵胄，气宇轩昂也属正常。

---

① 出自毛泽东《七律·读〈封建论〉，呈郭老》，全诗如下：劝君少骂秦始皇，焚坑事业要商量。祖龙魂死秦犹在，孔学名高实秕糠。百代都行秦政法，十批不是好文章。熟读唐人《封建论》，莫从子厚返文王。

其母赵姬曾是大商人吕不韦的爱妾，善歌舞，没点姿色说不过去。父亲子楚年少时被送至赵国邯郸拘为质子，长期流落在他乡，后来投机入父皇宠姬华阳夫人门下，长相太猥琐也说不过去。再据说嬴政的生父是吕不韦，真假不论，吕不韦的长相如果有特别对不起观众之处，史书中总能找到蛛丝马迹，然而并没有。从遗传学角度看，所谓生理缺陷之说大抵属于郭沫若个人的好恶之言。

尉缭对嬴政人品的评价，也许是渲染气氛，吓唬听众罢了。本来就是伴君如伴虎，又遇到本来就有虎狼之心的君，慎之慎之，如临深渊。换位思考一下，哪位硬汉子不是一副硬心肠？婆婆妈妈，该杀不杀也不一定真好。

我读尉缭的一番话，和对议皇帝新称呼的记载，有同样的感触：低调且颇有城府。怯怯懦懦地待人接物，能屈能伸，蛮谦卑随和的样子；肚子里长牙，吞并八荒该出手就出手，更名号以称成功干净利索，绝不拖泥带水。

从王到帝，嬴政的一生是努力工作、认真履职的一生。敢为人先的特点十分抢眼，比如以真人、真马大小制作陶俑陪葬骊山。

▲ 兵马俑一号坑军阵局部（摄影：赵震）

　　每年 12 月末，铅灰色的陶俑在阳光下瞬间变得流光溢彩，如获新生，这支沉默的军队"不动如山，动则如火掠林"。为此，赵震会从下午两点到太阳西落一直蹲守在坑中

02

兵马俑坑的考古岁月

2000多年来，历代的文献中，关于秦始皇陵的记述资料较多，但关于兵马俑坑未发现任何只言片语。兵马俑规模宏大，从公元前210年到1974年，只要在此动土就很容易见到，而实际上，2000多年来，人们的确也曾见过30多次了。

一座东汉初年的夫妇合葬墓，两个左右并列的木棺放在俑坑底部的砖铺地上，建造墓穴时，人们曾挖到了4匹陶马的前半身和4件骑兵陶俑；一眼距今约百年的古井，打井人曾挖到了拉车的陶马；一座清代墓穴，建造过程中，人们曾挖到了陶俑；一个民国时期的大坑，面积为20余平方米，里面填埋有大量陶俑、陶马的躯体；许多近现代墓的圆丘坟包中夹杂兵马俑残片。老乡说在这里埋葬先人，最怕挖出怪物（陶俑），因为这事被认为不吉利，一旦遇到也不能声张，"悄悄地，别言传"，把怪物打碎，或埋于墓穴的一角，或丢在乱土中。

"遇到"和"认出来"是两码事。2000多年来，由于不知道兵马俑是珍贵的文物，没人重视过它们。即使是宋元时期的金石学家，也不曾认识到这些陶俑的价值，因而每次都与它们擦肩而过。总之，兵马俑被"认出来"的时间延迟到了1974年3月西杨村农民抗旱打井的时候。

收到西杨村农民打井出现古董的消息之后，1974年7月到10月底，陕西省文管会组建了第一支兵马俑坑考古队。队员们住在村民家中，条件自是非常艰苦。袁仲一老师是团队中最早的成员之一，每每回忆当时的工作场景，他都会忍俊不禁。为了某事打赌，没菜的餐桌上输家眼睁睁地看着一瓶油泼辣子被一口气扫光；夜晚挑灯看书，突然身边酣睡的伙伴吼出激扬秦腔，被吓得一激灵。他说着艰苦，表达着欢乐。

能参加兵马俑发掘，每个人都会觉得自己很幸运。一天天，一年年，考古勘探的洛阳铲从地下提取出2000多年前的土样，它们有时是一枚铜箭头，有时是一块陶片，有时是经过烈火焚烧的红土和黑色的木炭。我猜洛阳铲带出这样的东西，考古队员们一定都有点凡尔赛。

袁先生回忆道："探呀，探呀，总找不到坑边，这可坏了，嘿嘿！"

遗址范围还在扩大，前景美好，未来可期。尽快结束野外工作、早点回家的愿望成为泡影。全世界的帝王没谁有这样的魄力，使用如此之大规模的陪葬坑；没谁有这样的创意，将数量如此之多、造型宛如真人的俑群带入地下。随之而来的是"所有人都感到了压力，如履薄冰、战战兢兢"。

兵马俑陪葬坑共计3座，总面积2万多平方米，其中埋藏的俑群可以浓缩出 3 个字概括：大、多、精。这 3 个字所代表的地位在世界制陶史上可谓"前无古人，后无来者"。大，人俑平均身高 1.8 米，马俑平均身高 1.7 米，身长约 2 米；多，数以千计的兵马组成各类方阵，队列纵横有序、浩浩荡荡，群体美营造出的视觉冲击力，只有用"震撼"两字来形容；精，栩栩如生，写实主义落实到各个细节，与陶俑四目相对的瞬间会产生错觉，不知道用"它"和"他"哪个更合适。

从面积、发现时间、陶俑数量来看，一号坑都是老大。据推算，一号坑有陶制兵马俑 6000 多件。俑坑最东端的长廊上站立着三排武士，穿战袍，持兵器，是前锋；俑坑的南、北两侧和西端，各有一排武士面外而立，是侧翼和后卫，可以防止敌人从两侧和后方袭击；俑坑的中部，是木车和步兵组成的 38 路纵队，是军阵的主力。前锋、后卫、左右翼及主力，组合成车步联合方阵。方阵是军队屯聚的常见形式，锋锐、本固，坚如磐石。

二号坑预计出土陶马 470 余匹，各类武士俑 900 余件，木车 80 余辆，以及大量的金属兵器。最东端有弩兵，有立姿和跪姿两种造型。南半部 64 乘木车列于 8 条过洞内。中部是由 19 辆木车、264 名步兵和 8 骑骑兵组成的混合编队。北半部共有骑兵 108 骑，四马一组，骑士立于马的左前方，代表着铁骑取代车战，成为新军种。车兵、步兵、骑兵组成的联军编队作战，类似如今的海陆空混编作战。袁仲一老师说这属于兵书中讲到的大营套小营阵形。

三号坑只有 68 件陶俑、1 辆木车，分为南厢房、车马房、北厢房 3 个单元。64 件陶俑身穿甲衣，分布在两侧厢房，面对面地横队排

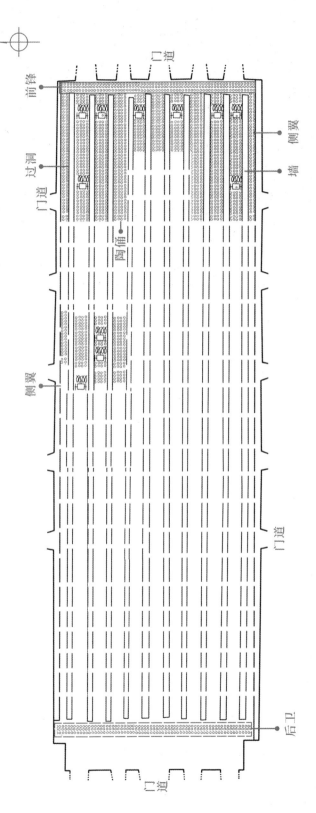

▲ 兵马俑一号坑平面示意图

一号坑平面呈长方形，长230米，宽62米，四周各有5个门道，坑东、西两端有长廊，南、北两侧各有一边廊，中间为9条东西向过洞，过洞之间以生土梁相隔。这个坑以步兵为主，另有木质指挥车，组成了矩形军阵。军阵主体面向东，在南、北、西边廊中各有一排武士面向外，担任护翼和后卫。东面三排武士为前锋。该坑经过3次正式发掘

兵马俑一号坑

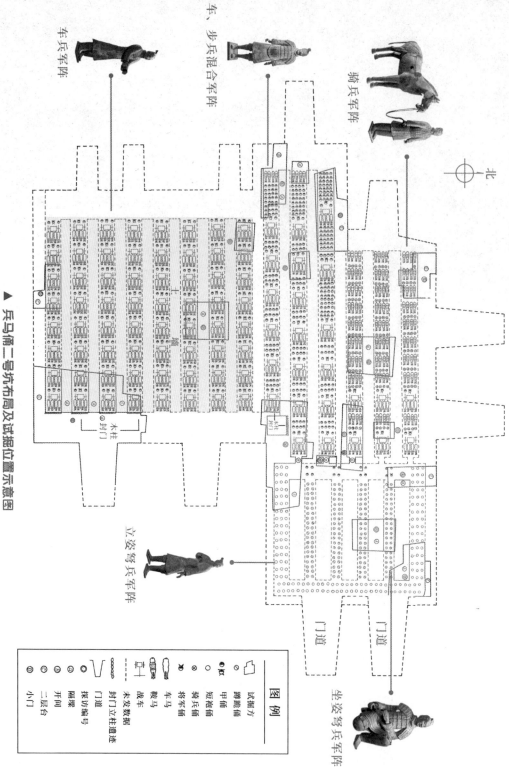

▲ 兵马俑二号坑布局及试掘位置示意图

车兵军阵

车、步兵混合军阵

骑兵军阵

北

立姿弩兵军阵

坐姿弩兵军阵

门道

门道

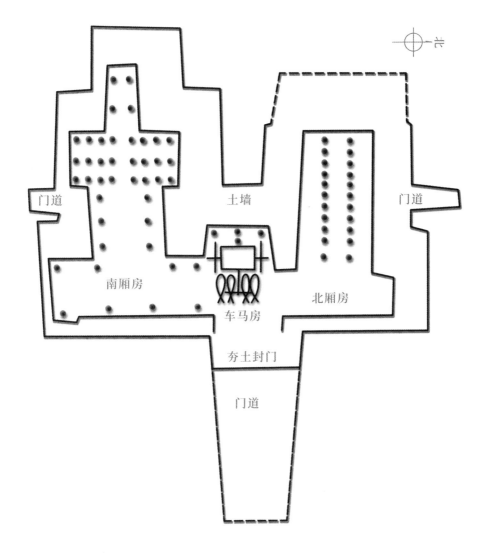

北

门道　　　　　　　土墙　　　　　　　门道

南厢房

车马房　　　　　北厢房

夯土封门

门道

▲　兵马俑三号坑平面示意图

　　三号坑位于一号坑西端北侧，与二号坑东西相对，南距一号坑25米，东距二号坑120米，面积约为520平方米，整体呈凹字形，由南北厢房和车马房组成，车马房中有驷马木车1辆、军吏俑4件、陶马4匹。俑坑未遭火焚，陶俑身上的彩绘残存较多，但俑头大量缺失

列，中留通道，似为军中仪仗兼卫队。北厢房的平面形状似汉字的"且（ju）"，可能会令人联想到古代生殖崇拜的神物"祖"；车马房凸出，正对门道，似有出行寓意，一辆车配置4件俑，显示了与一、二号坑一车配3件俑的不同；南厢房的平面形状似汉字"土"，土载育万物，可能会令人联想到"社"，联想到古代中国的立国之本、立政之基，又发现了腐朽的织物帷帐和鹿骨残段，很容易引导出第三个联想：这里是举行占卜、祷战仪式的场所。

古代凡出兵，程序一般有这么5个环节：祭祀、占卜、致师、献捷、饮至。出征之前先要禀告天地祖先，以求神灵保佑；接着要预测战争胜负，规划作战方案，选择最佳时机；还得战前动员，鼓舞士气，讲清出征的伟大意义；完事得统计战果，向上级报功，献出缴获的俘虏与物资；最后就是摆庆功宴，论功行赏，大家一起不醉不归。

5个环节中，占卜直接关系到整个战争的胜负。占卜师多是些科学家、数学家、历史学家与原始巫师的复合体，他们不仅要有神秘的超前预知力，还要有理性的分析判断力，更要有极高的威望与煽动力。

关于占卜，《左传》记录了一次和秦国相关的事。春秋时期秦穆公与晋惠公交恶，两国间有一场关键的战事，即韩原之战。战前秦国占卜师占卦，卦象属"吉"，但要经历"千乘三去，三去之余，获其雄狐"的过程。晋国方面也占卜，占卜师是郭偃，卦象说仗要想打赢，只能用庆郑这个人为车右，用其他任何一个人都不吉利。战争打起来了，面对连连战败的局面，秦穆公吃了定心丸，死扛。可晋惠公听说要用庆郑为车右，两个眼睛瞪得如铜铃一般：什么？要用这个专门和我作梗的家伙才能打胜仗？寡人偏不信。战事一波三折，最终秦穆公虎口脱险，晋惠公束手就擒，可见"天意不可违"。

考古工作者没有占卜师一般的超能力。对于兵马俑，当打井的铁锹为世人撩开神秘面纱的一角以后，如何完整地揭露出这一先民创造的伟大奇迹，如重担压到了考古工作者的肩上。工作确实苦，就像一枚硬币有两面，苦的另一面是乐。他们来到骊山脚下，很快初战告捷，通过勘探、试掘，以最快的速度确定出遗址的范围、数量，以此为基础，秦始皇兵马俑博物馆于1979年国庆节对外开放。

第一代考古工作者没有预想到这次出征"闹"出了大事。经历近半个世纪的发展，兵马俑已成为世界知名的中国招牌。孤灯清卷，第二代、第三代工作者站在前人的肩膀上，以史为骨，以考古发现为据，让那支沉睡了2000多年的秦军终于复活于人间。而后，由表象至内核一层层揭开迷雾，认出兵马俑的价值，通过地下的景象还原了秦帝国的历史实相。

考古工作者与兵马俑零距离接触，天天徜徉在历史的长河、艺术的海洋中，虽然赚不了大钱，但精神上绝对富足。有时人们会将参与打井的村民誉为这次伟大考古发现的幸运儿甚至是功臣，但机缘巧合"遇到"与经过不懈努力将其"认出来"，创造的价值和贡献不能相提并论。

03

烧成灰的麻绳与俑坑的盗扰

　　3座俑坑组成的地下军阵有多大，一堆数字罗列得再详细也只是干巴巴的数字，怎比得上身临其境看一眼？看到兵马俑的第一眼，一种说不出的激动、一种灵魂震撼油然而生，感受到气势磅礴之后，真没必要记住这些。它们貌似重要但实际无趣，只不过是兵马俑横空出世的最表层意义。捕捉一些细节，抓住一些小线索，顺藤摸瓜，一番探案的体验别有滋味。

　　虽然我们习惯把这三座遗址称为"坑"，其实它们真的不是坑，只是半地下建筑。坑的深度为5米左右，设有通往地表的斜坡通道和不同形式的门。进门之后有深沟，底部铺以青砖，修建成"过洞"或"廊"，容纳陶俑、陶马和木车等物品；沟与沟之间保留出土梁，既起分隔作用，又为地下建筑的顶部搭建提供承重。过洞、长廊、隔梁上，依次横设木梁框架，之后又铺席、覆土，最后形成高于地表2米左右的土包。

高出当时地表的土包是地下建筑的屋顶，不仅再现了俑坑建筑的原貌，更重要的是，说明了在一段时期内，3座俑坑的位置、范围非常明确，并不需要如今这般劳心费力地去找。而随之带来的严重后患是：无论是谁出于何种动机，对建筑本体做些破坏、进入室内进行一些抢劫掠夺，并不是什么难事，坑界一目了然。

事实正是如此，3座建筑完工不久即遭重创，烈火烧毁了建筑木材，陶俑、陶马被砸得四分五裂，兵器七零八落。

▲ **俑坑建筑结构示意图**

根据《秦始皇陵兵马俑坑一号坑发掘报告》图一九改绘

秦始皇对江山稳固充满自信，以为可以"二世三世至于万世，传之无穷"。理想很丰满，现实很骨感，未来的事谁能说得准？俑坑建设之初，设计者根本不用考虑后来发生的这些事。考古发现坑里埋藏的易腐朽物质，大到木材小到麻绳，在遭受火烧之前都还没有腐朽，说明兵马俑坑完工不久就遭受了毁灭性破坏。按照时间顺序，应该是水淹在先，其次是人工破坏，最后遭遇火烧。根据一号坑隔墙的地基下沉情况来分析，原来 3.5 米的隔墙只剩下 1.7 米，地下建筑净高缩低了 1.8 米。

人们经常会问：谁是兵马俑坑的破坏者？为什么焚烧是人为纵火而不是一种葬仪？两个问题可以合并回答。

在考古发掘过程中，一、二号坑的建筑屋顶部位都发现了人为挖出的洞。考古学术语称"扰坑"或"盗洞"。作为人类活动形成的遗址，同一地点，不同时期有用途不同的建筑群体，例如民居、宫殿、官署、寺庙、作坊以及范围更大的村寨、城堡、烽燧；有人类对自然环境利用和加工而遗留的一些场所，例如洞穴、采石场、沟渠、仓窖、矿坑等；有墓穴、祭祀坑。同一空间、不同时间点形成的这些遗址，形成了考古学中所谓的叠压、打破关系。

比如开封，民间传说"开封城，城摞城，地下埋有几座城"。历经 20 年考古发掘证实，在古都开封地下 3 米至 12 米处，上下叠压着东周魏大梁城、唐汴州城、北宋东京城、金汴京城、明开封城和清开封城这 6 座城池，构成了"城摞城"的奇特景观。其中还有路摞路、门摞门、墙摞墙、马道摞马道，如今现代化开封的中轴线中山路正下方，就是北宋皇城中轴线御街；而在中山路和北宋御街之间，分别是

明代地层
THE STRATUM OF MING

宋代地层
THE STRATUM OF SONG

唐—五代地层
THE STRATUM OF TANG TO FIVE DYNASTIES

六朝地层
THE STRATUM OF THE SIX DYNASTIES

▲ 地层堆积与时代关系示例图

考古地层学

　　考古学借鉴地质学原理，对古代遗存形成的先后过程或次序确定了两类重要关系：叠压与打破。通俗讲，就是"后来者居上"。在同一个地方垫土，今天垫的土一定在昨天垫的土的上面，这叫"叠压"；在同一个地方挖坑，今天挖的坑一定会把昨天挖的坑破坏掉，这叫"打破"。所以，在叠压关系中，越靠上的文化层年代越晚；在打破关系中，越完整的遗迹年代越晚。这里的"年代"指的是这些遗迹之间的相对早晚关系，而不是绝对年代。

清代开封中轴线路面和明代开封中轴线，叫周王紫禁城御道。而周王紫禁城北宫墙下紧紧相接的，竟是北宋皇宫的北宫墙。这些古城下一次与上一次之间存在地层叠压、打破关系。

兵马俑坑从修建挖坑、放好陶俑、填土填埋到最初破坏，整个过程在5000年文明的历史中可以浓缩到一眨眼的工夫。以前，发掘工作者或下意识地把所见遗存简单地认为是"同时"形成，也就没有注意"打破""叠压"这些标志时代早晚的关系。

任何人进入俑坑实施破坏，必然对俑坑形成打破堆积。所造成的打破又在后期被掩埋，形成对俑坑的叠压。形成打破和之后被填形成的叠压时间点不一样，主角也不一样。比如张爷爷打了一口水井，使用过程中不小心水桶脱钩沉入井底，在张爸爸老年时期水井开始干涸，张儿子觉得枯井有危险开始往里倒一些垃圾，张孙子抬来一块大石头压在井口，酷夏的夜晚坐在上面乘凉，微风习习好安逸哟。这口水井从形成到废弃，经历了张家四代人，水桶、垃圾、石头虽然都属于一口水井的堆积，彼此已相隔百年时间。

仅依照考古层位学，只能说扰坑比建筑晚，并不能判断晚了多少。今天柏油路铺好，明天挖开是晚，多年后挖开也是晚。麻绳被烧成黑灰，说明在遭受火烧之前都还没有腐烂，根据这个细节才能判断晚不了多久。

说到扰洞，我有点如芒在背。2009年一号坑第三次发掘从动工第一天开始，一片建筑顶部的异样就闹得大家集体蒙圈。土色杂乱，夹杂的东西乱七八糟，黑色炭迹、红色土粒、白色有机物腐朽物散布一片，像一块补丁，夹在左右排列有序的屋顶木材炭灰中间，咋看咋别扭，杂土周边还有画彩的木质圆环、铜箭头、铁锸，也是杂乱无章。一年之后，一个长方形洞口豁然出现，直接深入到了摆放陶俑的过洞，我们方恍然大悟。

类似的遗迹也发现于二号坑西南角，由竖井及横穴两部分组成，横穴长且曲折，为了钻进俑坑内部，破坏者砍断了三根封门木头。立木上留有清晰的斧痕，许多陶俑、陶马碎片及几件秦瓦残片因没有价值被乱弃在一旁。

阳间的东西只有经过火烧，才能转化到阴间去，这种观念是古今中国人的普遍认识。祭天焚柴，将埋葬时的祭品采取火烧，使这些物质都随着主人升入天国。砍断封门木，砸毁陶俑，这些破坏性行为与"葬仪"显然不同。

兵马俑坑的被焚和焚烧前的盗扰，不是个别人的行为，不是孤立的事件。整个秦始皇陵园，许多地面建筑及一些大型陪葬坑，遭水灾，经砸毁，被火焚，这在整个秦始皇陵园许多地面建筑及一些大型陪葬坑的诸多破坏事件中，属于较为常见的。这种大规模的破坏行动发生在秦汉之际的重大政治变动时期。

有些专家质疑军队进入俑坑的入口，根据是考古发现的所有俑坑建筑的门道封门木都完好无损，坑顶的棚木也没有发现移位或缺木情况。可既然存在扰坑，质疑当然也就站不住脚了。

还有人说既然烧了一号坑，为何不烧二号坑、三号坑？一号坑的长廊、过洞全方位贯通，几千立方米的木材相连，燃烧较为彻底符合自然规律；二号坑也被烧了，虽然只是局部，扰坑周边的火势尤其剧烈，原因是其本身"大营套小营"的建筑结构，各部分独立封闭，不

隔墙

过洞

封门

立柱

盗洞

门道

盗洞

西边廊

▲ 兵马俑二号坑西部盗洞

利于火势蔓延；三号坑规格属于袖珍型，打砸抢一顿宣泄，一走了之更省事，大量俑头丢失即是证据。

一号坑燃烧较为彻底，这个"较"一定要敲黑板。真正彻底燃烧的只在那些通风条件好的局部区域，烈焰肆无忌惮地扩张着，板结状的焦土梆硬，下大力气用铁镐才能挖得动。揭开烧土硬壳，木材上铺的苇席留下印痕，木材只有一点白灰，更甚至一点白灰也没有，完全烧尽了。陶俑被炙烤得炸裂，严重变形变色。

04

考古探案一波三折

即使是在现实社会，有时候那些被看到的"客观"也并非就是真相。但由于人们相信"眼见为实"，往往在看到的瞬间就做出最原始本能的反应，继而去分析、去猜想、去判断，然后会被这些所谓的"真相"蒙蔽了。相比之下，考古研究的对象是历史过往，纵使考古学大师也只能无限接近真相，绝不可能百分之百还原真相，因此很多考古发现都存在不同版本的解读，有些认识在后续研究中得以完善、修正，甚至发生颠覆性反转。

兵马俑横空出世之后，给世界文明历史带来了一次突发的冲击，后续关注热度持续不减，这种局面得益于持续不断的学术研究，与网红景点的营销推广也不无关系。作为景点，打卡人希望听到板上钉钉的"真相"以满足自己的好奇，这似乎有点强人所难。

例如关于 3 座俑坑的性质。相比一号坑和二号坑，三号坑规模略显袖珍，性质的争议却最大。主流观点认为它象征秦军指挥部，所谓"运筹帷幄，决胜千里"，浩荡的军队当然需要设置统帅办公室。小众观点提出它可能模拟了秦军中的社宗[①]。

真理不一定掌握在多数人手里。多数学者认同三号坑象征指挥部，当然有一定根据，比如面积小，形制特殊，坑内武士相向夹道式排列与战斗队形判然有别，埋着礼仪性兵器青铜殳、被认为和祷战占卜有关的鹿骨。这些和一号坑、二号坑明显不同，特殊属性无可置疑。

▲ **兵马俑三号坑出土的青铜殳**

殳原本是一种锤击武器，也做仪仗用。有学者认为，三号坑所谓的铜殳，内径仅有 2.2 厘米 ~2.3 厘米，柲长 1 米，可能与搭帐篷固定绳索有关，而非兵器

---

① 张仲立. 秦俑三号坑性质刍论 [J]. 文博，1990（5）：107–111+343–346.

但作为军幕，应该有高级或较高级的长官形象，三号坑只出土了64件士兵和4名低级军吏。即便依照古制"出军命将"来解释最高统帅尚未出场，但中高级将领、刀笔谋士文职人物的缺席，令三号坑作为指挥部的证据基础还是薄弱了些。

　　三军之众，百万之师，张设轻重在于一人……（战国·卫·吴起《吴子兵法》）

　　秦国实施20级爵位制，无爵位者称为"小夫"，他们和有一级爵位的公士，在军中属校徒、操士；二级上造开始到不更方称"卒"。在战争中，5人编为一个名册，设有"屯长"，100人设有一"将"。由于主帅、主将在战争中的特殊作用，作战中往往是对方袭取的主要目标或主要目标之一，保护主帅、主将是一件大事。

　　如何做好主将的防卫，首先指挥部选址最好能隐蔽些，不能太显眼。其次是配备充足的守卫人员，按照首长级别不同，少则50人，多至1000人。统帅500人的将领有卫兵50人，统率两组500人的主将和享受1000石俸禄的县令，都可以有卫兵100人。国尉有卫兵1000人，大将有卫兵4000人。主帅即将出场，三号坑仅有区区50名武士卫护，真是不拿豆包当干粮。

　　国之大事在祀与戎，军事即"戎"事。在秦帝国之前，周武王兴兵伐纣之初，用车子载着父王的木主随军[1]；在秦帝国之后，汉高祖刘

————————————

[1]　司马迁.周本纪[M]//史记.陈曦，王珏，王晓东，等，译.北京：中华书局，2019.

邦起事先是牲血涂鼓，祭祀神灵，祷于枌榆并以此树为社神①。在三号坑属性的学术争辩中，正反方都据此说事。

1989年7月闷湿难耐，三号坑成为我考古人生的始发站。爬着竹梯进入潮湿、黑暗的坑底，首先看到的是一群几乎全身匍匐在地上的人。对于新人的到来，他们除了抬头微微一笑之外，没有表现出再多一点点的热情，直到第二天，我以与他们相同的姿势琢磨一片黑色木炭时。

"这搭儿有一块木车的箱底，从喔搭儿穿到这搭儿，有一个榫卯，"最年长的师傅操着陕西方言，"把这搭儿黑灰慢慢剥一下，慢慢地②撵，嫑③着急嘛。"令人发蒙的陕西方言使我第一次感受到了被团队接纳的善意。

师傅姓杨，是当年参加打井的村民之一，1974年后成为考古队的一员，按照考古工作要求，亲手清理出一件件兵马俑，让他比遇到兵马俑的同伴有了更幸运的人生。因为擅长清理木车和彩绘陶俑，在西汉阳陵陪葬坑发掘初期，他被高薪特邀去做技术指导。直至今日"慢慢地撵，嫑着急嘛"还经常在我耳畔萦绕。

初次参加兵马俑发掘，我一方面要掌握从书本到实际的发掘技能，把"慢慢地"的作风落实到手下；一方面还要消化各种学术争辩，将类似指挥部、军幕两种观点的推导模式印在脑子里。

---

① 班固.郊祀志[M]//汉书.北京：中华书局，2012.

② 陕西方言中，"地"音同"dī"。

③ 陕西话经常将"不要"连读为"嫑"，"嫑"本来读作"biáo"，但陕西话将中间的介音省略，读作"báo"。

"军祭实际是国中祭社、祭祖在军伍中的翻版"，我的顶头上司张仲立队长一边抠着凉鞋上的黑灰，和我们几位新人科普史料知识，一边接过老杨递过来的土块。

"快看一哈，这有一个圆花花。"虽然说"快看"，老杨仍然慢吞吞的，波澜不惊。

"华盖，车上的华盖，"张队长的语气立刻急促了起来，起身走向竹梯，单手抓着梯子的侧杆往上攀登，"赶快上坑找盒子封起来。"话音未落，脚底一滑，他重重地摔在坚硬的铺地砖上。在场的所有工作人员，不仅仅是我们这些新手，都好像很"没心没肺"，顾不上对领导身体是否受伤表达关爱，反而是赶紧拿灯和他一起想寻找脱手而出的那块巴掌大的土。

华盖是高级车上的伞盖，所谓"出从华盖，入侍辇毂"。三号坑中间部分的那辆木车虽然破碎不堪，任凭老杨有再高的技术也没办法清理出全形，但彩色华盖足可以见其等级，在张队长的眼里也有了深层的含义。

三号坑平面布局分四部分，南、北两室，中间一室，一条斜坡门道。中室正对门道，放车一辆，车止于南北两室之外、整个建筑外门之内，寓意出入。南室平面呈"土"字形，北室呈"且"字形，以中室向两侧看，南室为右，北室为左。

中国礼制思想中祭祀是头等大事，主要内容一是崇敬祖先，二是祭祀天地神灵，两类祭祀所用建筑按"左祖右社"的方位摆放，左前方设祖庙，右前方设社稷坛。三号坑南室"土"与社稷的"社"、北室"且"与祖宗的"祖"，平面形状与位置都与礼制相合。因此，南、北室代表了社宗，中间放置华丽的车以载神灵于军中，这样的设置反映了军中祭祀礼仪，也表明秦人对军队祭祀的重视，以及秦始皇个人乃至整个秦帝国对中国古代礼制的认同。

与地上的军事活动相同，具有刺激或麻醉作用的社、宗被带入地下仍然是"使愚之计"，提醒着一号坑、二号坑内的各位勇士将领，皇权是至高无上的，凡事都有章法的，将军可以临危受命，但受命之后头上是有紧箍咒的。于是，秦始皇陵园有赫赫征伐之师，就不是武力征伐那么简单的意思了。

秦始皇葬于骊山，所使用的葬仪内容有创新，也要有对传统的继承。以陶俑、陶马作为陪葬只是葬礼的表现形式出现了变化，扩大了军人身份陪葬品的数量和规模。三军以一种有组织的编队排列在这里，延续着早期以俑代替殉人陪葬的传统。将地上的军队拷贝到地下仍然是依礼。兵马俑坑从属秦始皇陵园自然不能脱巢于丧葬，大数量的兵、马以列队成阵的形式出现在这里，非常合理合规。

05

创作灵感哪里来

　　暴力、讲礼是维持社会秩序的一副车轮。武力征伐、高压统治的同时，个人的吃喝拉撒、生老病死，国家兴亡、政体运行，都需要从思想意识方面对行为予以规范，于是礼无处不在。仪式感把本来单调普通的事情变得不一样，对此人们便有了敬畏心。讲礼的有效方式主要包括举行充满神圣感的祭祀活动。

　　　　丧礼者，以生者饰死者也，大象其生以送其死也。故事
　　死如生，事亡如存，始终一也。（战国·赵·荀子《荀子·礼论》）

　　礼俗要求对死的那些事一律按照生前模式办，因此早在秦始皇陵兵马俑发现之前，秦俑家族颇有"人丁兴旺"的势头。从春秋时代凤翔雍城的小石人，长武上孟村和铜川枣庙、咸阳高陵的小泥人，到战

国晚期咸阳塔尔坡的小骑士，河南泌阳和湖北云梦睡虎地的小木偶^①，以及西安南郊杜县和秦始皇陵陶俑，随着秦国势力壮大，石头刻一个，木头雕一个，泥巴捏一个，家族成员越来越多，个头越来越大，分布地域越来越广。普遍使用俑类随葬品，考古称之为"人群指征性"，就像北方人爱吃面，南方人无米不欢，秦人喜欢弄点俑陪祖宗下葬。如果需要论资排辈，始皇陵陶俑乖乖地落座后排。

▲ **战国中期秦俑**

宝鸡市凤翔区出土，陶质

左：高 9.2 厘米。俑昂首站立，面容清楚，左臂自然下垂于腹前，右手置于左臂之上。俑下部残缺，似与其他部件相衔接

右：高 6.5 厘米。俑盘腿而坐，面容清楚，双手置于胸前，手残缺，头发向后自然下垂，分为两缕

① 呼林贵. 早期秦俑简述 [J]. 文博，1987（1）：23−15.

各地墓葬出现的秦俑，地位自然没有秦始皇陵的显贵。它们服务于小贵族，甚至普通平民，模样质朴，但也都施加彩绘，衣服包边画出的菱形花纹，当是模拟了当时机织绸缎。女仆服侍主人一定秀色可餐，性格温和，那就身体修长，塑出腰线；即使到了地下，主人身边也需要出谋划策的高参、干活的劳役、驾车的把式，那就再塑造一些男俑。他们有的身穿短袍，身体粗壮；有的两手隐袖，长袍拖地。总之，已经开始注意男女性别、职业等特征，向秦始皇陵陶俑的写实风格靠拢。

西安市南郊陶俑出土于秦代小型墓葬。162座战国晚期到秦代墓葬的主人，生前定居于杜县，是秦始皇的子民[①]。杜县是秦国向东发展的主要根据地，自从春秋时期被秦国纳入版图，到了秦代更是内史管辖的大县。

一座秦末小墓出土了陶质人俑6件、马俑1件。人俑有男有女。一件男俑头戴圆形软帽，顶部再加冠，是御手的形象，和湖北云梦之地的木俑、秦始皇陵二号车铜俑，既是"同行"，也算得上是"同龄"，同为秦代遗物。御手俑呈跽坐姿势，双目前视，专心驾车。骑士俑两腿撇开，右臂做牵引缰绳的样子，身体略微前倾。头戴圆形红色小帽，上衣交领斜襟，衣襟右掩长袍，腰束革带。帽子紧紧扣住头发，护住耳朵，系在下巴底下，风吹不掉，是骑马人的标配。袍子下摆向四周撩起来。这样的一撩，造型有了动感，加上前倾的身体，正是骑马出行的状态。

---

① 西安市文物考古研究所（编）.西安南郊秦墓 [M].西安：陕西人民出版社，2004.

夷狄之人，被发左衽。（三国·魏·何晏《论语注疏》）

小敛大敛，祭服不倒，皆左衽结绞不纽。（《礼记·丧大记》）

长袍衣襟右掩的款式史称"左衽"，它的存在有两种含义：夷狄和死人。骑士俑的衣襟形式和御手俑不一样，意义自然只能是前者，代表着骑马人的族属非华夏族同类，属夷狄。

在渭河以北的咸阳塬，有数以千计的秦人墓葬，曾先后于不同墓地中出土了骑马俑。骑士和马的造型、规格完全一致，显系同一批次产品。骑士们也穿着左衽的服装，衽边塑造有厚实的效果，又绘彩，不由得让人联想起藏袍。

在陕西西安市北部高陵区曾经出土百余件秦俑，时代为战国中期至战国晚期早段，即秦始皇六世祖到四世祖的献公、孝公、惠文王时期[①]。26座墓葬中出土的陶质人俑和动物俑，散发出更多的人间烟火气。

这批陶俑共189件，与俑组合的乐器有8件；陶塑动物77件，与陶塑动物相关的车马器43件（组）。前者包括扁鼓、手鼓及鼓座等，后者主要为车轮和车毂。

动物俑有低温烧制的陶牛48件。这只头前伸，张着大嘴喘着粗气，仿佛才随主人外出归来；那只吐着舌头，前足着地，后足蹬地，

———————

① 曹龙.西安泾渭秦墓陶俑的发现与研究 [J].考古与文物，2020（5）：88-95.

▶ **战国晚期秦俑**

　　咸阳市周陵镇秦墓出土。陶质，两组同出，绘彩，大小形制略同。造型原始古朴，稚拙粗率，骑士裸骑于马背，说明当时鞍鞯尚未发明

器物组合

　　几种特定型式的器物，经常在一定地区的某一类型的住址或墓葬中共同出土，构成器物特定组合关系，它代表了使用者共同的偏好，其中种类、数量、规模上的差别，是考古研究判断使用者性别、社会角色、经济状况的依据。

似在引重前行。总之是肥臀宽脊，一副温顺、勤恳的样子，不愧是老秦川牛的典范。陶牛配陶车，墓主财力强的配四组；财力弱的至少配一组。当时中产阶级占社会绝大多数，因此发掘中二组或三组配置最常见。这样形成车、人、牛的搭配，考古学称之为"器物组合"。

　　牛车的作用有二，一是运输载物；二是供人乘坐，用以代步。引牛驾车的俑类目前只见于秦墓，加上一些鸟、狗、马，又往往和粮仓模型同出，成全了社会动乱时期秦人对富足生活的物质追求。物质和精神双管齐下才是真小康，于是高陵秦墓中安排了裸体人物俑、歌舞伎乐俑以及侍者俑等一大群成员。

裸体人物俑12件，造型有点雷人。陶俑体格健硕，肌肉感十足，属于角抵的力士，往往两两一组，输家盘腿席地而坐，赢家一边弓着身，提防着反扑，一边扭头盯着对方，似乎嘴里还在挑逗着："站起来，不服气再来一局。"这类陶俑发展下去，应该就是秦始皇陵的百戏俑了。

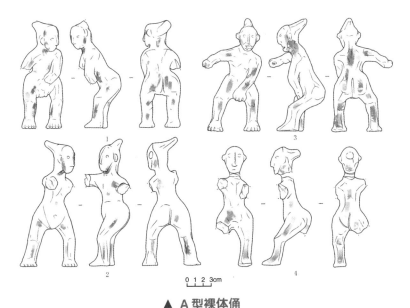

▲ A 型裸体俑

1. 医疗 M9:38　2. 医疗 M9:39　3. 医疗 M54:4　4. 医疗 M54:44

167件塑衣式俑，大部分穿曳地长袍，衣长及地不露足。袍袖有宽有窄，发式偏髻、椎髻、挽发也有变化。有的造型明显是奏乐舞蹈状，或舞袖，或举臂，或抱乐器，或做环抱状，都通体施彩。2件骑马俑双腿跨开骑于马背上，双臂握拳前伸做持缰绳状。上身穿短襦，胸

不同地区陶俑的细节差异

齐国的陶俑形体都不大，一般高度不及10厘米。只塑造出人体的粗略轮廓，墨勾眉目，唇或点涂朱色。有模拟奴婢伎乐师的偶人。男俑可辨形貌的有武士俑，多披甲持物。

韩国的陶俑形体也很小，乐舞俑塑制粗拙。俑体遗有刀刻痕，并曾涂朱色，足下平齐有一孔。

南方楚地所作俑，艺术风格最特殊。材质多用木制，出现了近于圆雕、形体比例较为准确的作品。另外，更利用丝织品来装扮木俑，与汉俑有密切的传承关系。模拟的人物主要是奴婢乐舞师和武士。楚地"信巫鬼，重淫祀"，楚墓木俑中还有形貌奇异威猛的镇墓俑。

部以上及双臂、襦下双腿涂红，似象征袒胸赤膊光腿。这类陶俑发展下去，应该有一部分是汉代以后墓葬中常见的仪仗俑。

从1974年兵马俑集群横空出世，到1999年百戏俑荟萃惊人，人们经常会有两种感觉：一、秦始皇劳民伤财，集天下人力物力为自己陪葬；二、秦俑突然出现在秦帝国时期，这个时代太伟大了。现在我们知道了秦俑有个大家族，秦始皇的行为无可指摘。

沿着秦俑家族开枝散叶的脉络，可以看到其制作方法家族遗传性很强。比如木俑，利用榫卯结构分部组装，运用刻、削、刮、挖、凿等手段细加雕琢；泥俑和陶俑用软泥成形，用粘结法或者榫卯法拼接，用刻划、戳刺、刀削手法强化细部特征。从泥俑转为陶俑，经过低温成品一碰即碎，最终达到1000多度高温的卓越品质。

再往前追溯一下，现今出土的春秋战国俑多如是类，绝大多数发现于北方黄河中、下游地区以及南方长江中游地区，涉及原三晋（韩、魏、赵）、齐国和楚国的统治范围，各具特色。秦俑大家族在全国范围内只是小家族，发现资料不多，塑工拙稚，初具形态而已。

曾经孟尝君想投奔秦国，有人对他讲了一则

► 战国楚俑

　　湖北省荆州市出土。木质，高 45.7 厘米，跪姿

寓言故事。说自己路过淄水，听到桃木人和泥巴人的一段对话。桃木人说："您本是河西岸的泥巴，人们把您捏成人形，如果到了八月份，天降大雨，淄水暴涨，那您就会被冲坏了。"泥巴人说："不对。我本来就是河西岸的泥巴，冲坏了仍旧回到西岸泥巴堆里去。而您本来是东方的桃梗，人们把您雕刻成人形，如果下大雨，淄水猛涨，把您直冲而下，您将漂流到什么地方去呢？"孟尝君听罢，取消了到秦国的打算。一旦迈出这一步，他这个秦国的外来户也就无处可退了。这则寓言说明齐鲁地区有"木雕"和"陶塑"这两种类型的偶人。

特别值得一提的是，湖南省益阳楚墓还有一种木雕身躯，陶塑首、手、足的混合材质俑①，这等实例虽为罕见，不过也让我们由此洞察到了楚人的创新精神。再想想，创新精神也正是这个时期整个社会的大趋势。

创新精神，加上传统的"事死如事生"的丧葬观念，一批批包括秦俑在内的古代雕塑作品被留存了下来。它们因本土的礼仪观念而产生、存在并流传，那么具体创作的艺术灵感又是如何被激发出来的呢？

有学者曾认为，兵马俑艺术"来源于西方的交往，来源于亚历山大的智慧和光彩耀人的希腊艺术"，伦敦大学亚非学院的卢卡斯（Lukas Nickel）也提出了相近的认识。的确，和青铜艺术相比较，陶俑雕塑艺术在先秦并不发达。

已故的秦始皇陵研究考古学家段清波先生认为，时代和艺术风格

---

① 高至喜，熊传新. 楚人在湖南的活动遗迹概述——兼论有关楚文化的几个问题 [J]. 文物，1980（10）：50-60.

▲ 战国楚俑

湖北省荆州市出土。木质，高36.7厘米，站姿，双手抱握于腹前，宽衣带绘红彩

▲ 战国楚俑俑头

安徽省六安市出土。陶质，俑身为木质，通高12.5厘米~14.8厘米，宽9厘米~10.7厘米。出土时头与身体已经全部分离。俑头有大小之分。形制基本相同，神态相似。头顶与脑后有孔，颈部中空。表面以黑漆绘出头发、眼眉、胡须等，唇部略有朱色

与秦兵马俑相似的大型陶俑雕塑在其他文明中，如波斯文明、希腊罗马文明、印度文明的传统中还没有发现过。唯一和兵马俑艺术风格相近的是阿富汗出土的彩绘陶俑，时间为公元前100年。他认为战国秦俑的艺术形象可能受斯基泰文化的影响，而秦兵马俑的艺术可能另有渊源①。

阿富汗出土的彩绘陶俑，俑头高23厘米，戴毡帽，着高领上衣，五官及胡须毕现，面部遍施红彩；头部与身躯装配的方式和兵马俑一样，均为分别制作好后再将俑头插进身躯内，但制作时代比秦俑家族晚。这一发现也只是为探索兵马俑的艺术来源提供了思路，但没有完全解决问题。

---

① 段清波．从秦始皇陵考古看中西文化交流（一）[J].西北大学学报（哲学社会科学版），2015（1）：8-15.

第二章

兵马俑坑建筑问题

06

初问俑坑建筑质量

　　观众进入兵马俑一号坑展厅，来不及做好心理准备，陶俑群"唰"地扑过来，真人大小、栩栩如生，猛然间传导了一股气势。它让人慌乱，使人震撼，心怦怦地在跳，血脉偾张，荷尔蒙高涨。厉害啊，大秦帝国！于是，观众就会自然而然地觉得这个建筑也定属精品工程。

　　待移步右行进入二号坑展厅，光线突然暗淡，遗址区空旷、寂寥，一堆堆陶俑残片横七竖八地倒地不起，人们的满腔热血像遭遇寒潮霜冻。该看点什么呢？建筑顶层遗存的棚木跃入眼帘，6000多平方米铺了整整一层，随着木质腐朽、变形、坍塌以致完全土化，外壳随势虬曲，隔梁上凸起，过洞内凹下，此起彼伏，根根分明，场面也是十分壮观。

　　棚木、枋木、立柱、地栿是俑坑建筑主体，它们构成立体框架，形成了柱梁结构，数量超过数万立方米。一号坑第三次发掘 200 平方

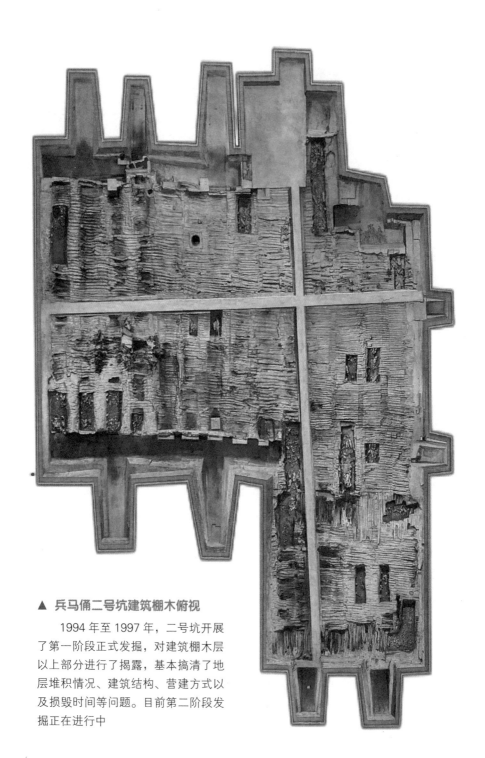

▲ **兵马俑二号坑建筑棚木俯视**

　　1994 年至 1997 年，二号坑开展了第一阶段正式发掘，对建筑棚木层以上部分进行了揭露，基本搞清了地层堆积情况、建筑结构、营建方式以及损毁时间等问题。目前第二阶段发掘正在进行中

米的范围，一根根清点木材，有棚木155根、枋木19根、立柱49根。其中棚木现存最长300厘米、最大直径50厘米；枋木现存最长490厘米、最大直径25厘米；立柱有长方形或正方形7根，圆形或椭圆形39根，半圆形3根，最大者直径39厘米。

现在我们目所能及的只有黑木炭和暗红色朽迹。它们直接显示了俑坑被损毁的过程和时间。大面积黑灰对应着普遍被烧；普遍被烧说明通风较好；通风好排除了有机质腐朽过程中产生沼气而发生自燃的可能。

炭，烧木留性，寒月供然（燃）火取暖者，不烟不焰，可贵也。（东汉·许慎《说文解字》）

烧木留性，炭属于一种多孔固体燃料，烧木所为又不是完全燃烧，还保留着木的特性，可以发出热能供人们取暖御寒。我曾随手掰过木炭，听见"嘎巴"的清脆断裂声，老杨回忆说："最初发掘时，木炭都倒了，村上人撮回家烧炕呢。"

木炭烧烤食物，木香、肉香弥漫在小巷，充满烟火气。木炭还用于冶炼金属，比如商代"后母戊"青铜方鼎、西周"宅兹中国"铭文的何尊、秦"二十六年"铜诏版……青铜重器闪亮留世，木炭功不可没。

说起木炭，一句唐诗大家耳熟能详——"可怜身上衣正单，心忧炭贱愿天寒"。终南山下唐代卖炭老翁的一车炭，千余斤，只换到半匹红纱和一丈绫。老翁烧炭首先得有炭窑，就地挖出燃烧室、炭化室、烟道腔和排烟孔，沿四周铺泥土封出窑盖。其次，烧制时燃烧室点火，烟孔冒出青烟得将所有孔口堵塞进行闷窑，达到不完全燃烧状态，再经过几天冷却方可出炭。一番辛苦之后，只得到一堆没有用处的织物。这样的付出和收获对比，让诗人愤懑。岁月何曾有过静好？秦代修陵、建宫殿、筑长城，民不聊生，唐代享国289年，花舞大唐春的盛景也只是片段，这就是历史时光里的平常景象。

兵马俑坑建筑无意中成了炭窑。村民撮木炭烧炕，断裂发出"嘎巴"声，说明木材燃烧时尚存有机质，还没有腐朽，说明俑坑建筑竣工与被烧的间隔很短。根据木材残留表象逐步推理，环环相扣再回到表象事实，因果完美闭合。

祸兮福之所倚，木炭代表了一场人为造成的浩劫，却因此保存了木材的特质信息：年轮和纤维。每类树种都有自己独特的纤维切面，形态各异，指向性强，为考古学者判断兵马俑坑建筑使用的木材种类提供了依据。植物考古学家们在显微镜下观察到，木炭横切面像网状的织物，弦切面像人的血管，符合松科铁杉属和云杉属树木的特征。

杉属树木巍然挺拔，干高通直，节少，材质轻柔，适合作建筑材料，更适合远途运输。

发北山石椁，乃写蜀、荆地材皆至。（西汉·司马迁《史记·秦始皇本纪》）

修建秦始皇陵，倾帝国所有财力、物力，北山开山采石，蜀、荆两地运来木料。铁杉属和云杉属树种现产于秦岭以南地区，这片地区纳入

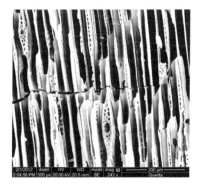

▲ 云杉弦切面

▲ 铁杉弦切面

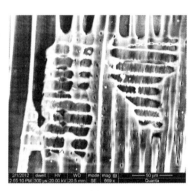

▲ 云杉径切面

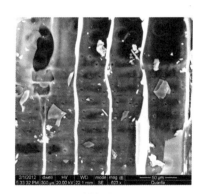

▲ 铁杉径切面

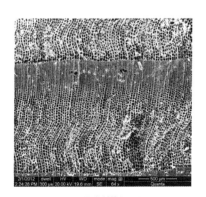

▲ 云杉横切面

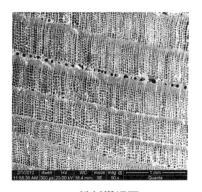

▲ 铁杉横切面

秦国版图已经到了战国晚期秦昭王时代。秦孝公十二年（前350年），秦立都咸阳，半个世纪之后，公元前304年昭王发动灭楚战争。到了始皇陵园修建，从蜀、荆两地调拨些木料自是顺顺当当。

凡事难两全。杉属材质轻，方便了长途运输，却易燃。树干可割取树脂即松香，根、枝丫及叶均可提取芳香油。这类木材降低了俑坑建筑的耐火等级，大火一烧，树脂突然膨大"啪啪"作响引发爆炸，随着火花四溅，片刻即火光冲天，建筑坍塌随之而来。这又造成了空气流通不畅，具有了与炭窑一样的气闭环境，保留住了树木的一些本性，比如清清楚楚的年轮。要是没有这场火，木材必是早已全部腐朽只剩下木渣。

乍一看年轮就是同心圆，一年长一圈，有春材、秋材之分。秋天树木生长缓慢，年轮间距稠密，春天则刚好相反。清点主干根部年轮数可以了解树龄；对比年轮稠密变化，又可推测自然降水的丰歉，了解气候变化。相比于高倍显微镜下完成的树种纤维分析，清点年轮的手段很原始，只要有耐心谁都可以去做。

"看，就像这样一圈一圈慢慢地①撵，甭着急。"我手里拿一根大头针，数几圈，用针尖钉住位置，给年轻人做示范。

岁月不饶人，20年前在三号坑发掘时眼明手快，我现在显然已经不能胜任做这些费眼的活。年轻人叽叽喳喳地数完，最后如释重负地提交结果。"数得人头昏眼花，看着带圈的东西就想吐。"听着抱怨，我岔开话题，把她们的注意力转移到木材的外形上。

也许我们每个人都会认为，兵马俑坑建筑选材应该非常严格，每

---

① 陕西方言中，"地"音同"dī"。

一根木头都经过精挑细选，再多次加工才用。实际上，顶部横铺的棚木却有一些并未完全去掉枝杈，"满身带刺"。起支撑作用的立柱，沿墙间隔分布，形状很不规则，有的侧边经过锯割加工，截面呈长方形或正方形，多数为整根木的自然截面，每根木材的粗细不一，最粗者直径达40厘米，最细者直径约19厘米，相差超一倍。

大老远地从蜀、荆地区运来的木头不加修整就直接使用，这很不可思议。不可思议可能是我们把简单的事情想复杂了。蜀、荆地区的木材如果用于修筑宫殿和陵园地面建筑，自然要砍、斫、刮得整整齐齐，至少去掉外皮，保证粗细一致。陪葬坑并无现实性使用价值，好不好看终究要埋在地下，黄土一盖遮百丑，细节上劳神费力没必要。

尽管被烧成了炭灰或腐朽为渣，木材之间经常能看到互相连接的榫卯。榫卯是古代中国建筑、家具的主要连接方式，两块木构件，留出凹进部分的那块是榫，留出凸出部分的那块为卯，凹凸结合，榫卯相搭，木构件严密扣合，不需要钉子便实现了延长或者转折。

俑坑建筑木材间的榫卯形式比较原始，结构不复杂，发掘难度不大。有发掘经验的师傅说清理这种迹象是"碎事"，心里轻松无压力，技术无难点。毛刷扫去细土，注意观察炭灰纹理，原本顺向的纤维齐刷刷地少了一半，那就是有榫卯结构了。"好了，拍照哦！"几分钟搞定。不难想象，如此简单的单榫、单卯，其承重力非常有限。

盖房子肯定想尽量结实、牢固。为了弥补不足，秦代工匠拿着料单领到了扒钉，"哐哐哐"地钉在两条木料之间。扒钉两端内折，尖头，形式原始、朴素，只求结实、耐重。这让我想到了秦国宫殿建筑的金属部件。

▲ **兵马俑二号坑棚木上的扒钉**

　　铁质，发现于二号坑棚木层，两端尖头分别深入木材中，起固定作用

　　早在春秋时期，秦国建筑已经广泛使用金属部件了。今宝鸡凤翔区姚家岗为秦故都雍城所在 [①]，1973 年有几位村民分食马肉，席地一坐后却隐约觉得身下有尖锐异物硌得慌，刨开黄土发现一堆顶端带齿的青铜物件，后来考古工作者就地再发掘，大大小小竟然出土了共计 64 件。根据外形和内部残存的朽渣，古建专家们认为，这些物件即汉代所谓的"金釭"。截面大方形的，当属宫殿壁柱、壁带之类所加；小型转角的，内径四五厘米见方，应是门窗构件；截面梯形的，为四面铜版所构成的箍套，具有衔接木杆件的构造功能。

———————————————————

① 　自秦德公元年（前 677 年）徙居，至献公二年（前 383 年）迁栎阳直至咸阳，雍城为都近 300 年，是先秦政治、经济、文化的中心。

▲ 青铜建筑构件安装位置示意图

    1973 年至 1974 年，雍城遗址先后出土三批春秋时期秦国宫殿青铜建筑构件 64 件，总重 224 千克。这些青铜建筑构件用于宫殿建筑枋、梁的交接处，起加固和装饰作用，对后来中国特有的雕梁画栋的建筑产生了很大的影响

▲ 双齿方筒形建筑构件

    青铜质，中空。方筒的四面中有两面满饰蟠螭纹，两端各有三枚锯齿的板面。另两面各为"目"字或"日"字长方形格

黄金为壁带，间以和氏珍玉，风至，其声玲珑然也。（佚名《三辅黄图》）

　　建筑学家们曾猜想我国木构架建筑的连接方式，从最早的绑扎到后来的榫卯，之间应该有个过渡，秦雍城故都发现金釭证实了猜想。到了西汉，金釭广泛使用在长安城内宫殿建筑上，例如昭阳舍，汉成帝宠妃赵合德的居所，一段段金釭间悬挂玉石、明珠、翠羽，构成了一道亮丽风景线。

　　中国古代建筑使用铜构件，时代更早见于商代。1989年郑州市小双桥村村民修建打麦场，意外地发现了商代兽面纹青铜建筑饰件，整体俯视呈"凹"形，正面近正方形，上下两边均向内折；左右两侧面近平行四边形，中间有竖长方形孔。因为出土地附近发现有大型夯土建筑基址，所以推断它既是宫殿木梁前段的装饰，也是加固木梁的构件[1]，与金釭用途相似。

（齐）景公为西曲潢，其深灭轨，高三仞，横木龙蛇，立木鸟兽。（《晏子春秋》）

　　以前我对这段文献这样理解：齐景公在都城西修建了一个弯曲的水池，水池的深度能没过车轴头，水池上面修建一座两丈多高的宫

―――――――――
① 河南省文物考古研究所.郑州小双桥——1990~2000年考古发掘报告（上）[M].北京：科学出版社，2012.

室，梁上画龙蛇，柱上绘鸟兽。雕梁画栋、金碧辉煌，有了金釭实物，"雕""画"两字除了表面意思之外，还可以再扩充一些，并不局限于建筑画彩。

商王、秦公、秦始皇，中国古代建筑木结构之间使用的金属部件实际作用一样，扒钉显然属于其中低档次的一类。

那么，兵马俑坑建筑是精品工程吗？

▲ **商代兽面纹青铜建筑构件**

郑州市小双桥遗址出土。其年代可追溯到商代早期，是目前已知青铜质类器物使用于建筑物上的最早实物

07

建筑"夯墙"闹乌龙

俗话说，土木之工不可擅动。以木构柱梁为承重骨架，以木材、土或其他材料为围护物，是中国古代建筑的特色，现在还有很多建筑类高校设有土木工程院系。宋代有两本重要的建筑学专著，一部是《木经》，再就是大约100年后由李诫编著、被誉为"中国古代建筑宝典"的《营造法式》。《营造法式》中很多部分参照了《木经》，可见木结构对建筑的重要性。因此，承上俑坑建筑的木构内容，接下来再说说土建部分。

土建部分主要涉及挖、筑、填几个方面。筑即夯筑。

土可犯材，可蓄润湿。（《逸周书·文传》）

夯筑是中国人建造房屋基础、筑墙和台基的主要技术。为了防止潮湿对人身体的伤害，此技术应运而出。土源就地解决，两侧夹住木板，抡起捶具一层层去砸，民居、宫殿、万里长城便拔地而起。夯土建筑原料经济实惠，结构密实，耐用又不易受潮，废弃后自然分解无污染；又可无限延长或扩宽，满足建筑体量、结构、功能方面的需要，总之是好处多多。

室高足以辟润湿，边足以围风寒，上足以待雪霜雨露，宫墙之高，足以别男女之礼，谨此则止。（《墨子·辞过》）

以夯土筑造宫室，墨子说要遵循一个法则：地基避湿润，墙厚御风寒，外墙分隔内外使男女有别。夯筑的体量以满足最基本需求则已。政务朝堂等级高，建筑巨大，地基深度、广度的处理不能和一般民居一样，因此夯土地基与建筑等级是挂钩的。

泥土被夯锤砸出的浅窝，考古称为"夯窝"。依夯窝形状可以判断夯具的形状、大小，继而推测是单人操作还是多人操作。泥土逐渐加高形成叠摞层理，考古称为"夯层"。依夯层薄厚和夹杂物可以判断形成的时代，甚至建筑等级。

俑坑木结构部分显示了木种、木材加工方法以及所体现的工程质量如此粗糙，一号坑使用的木材没有精细加工。事实摆在面前，我朦胧地感觉俑坑建筑质量有点堪忧。那么夯土部分又会告诉我们什么呢？

夯土比一般熟土纯净。熟土、生土是考古对土质的一种界定。未经人类扰乱过的原生土壤即生土，反之即熟土。因受力而密度大，同样大小的土坷垃拿到手里掂一掂，夯土比生土重一些。

很长一段时间，我们大家纠结于各种土坷垃的特征，掰开揉碎地比较内部孔隙和颜色。夯砸过的土块，空隙被压缩近无，从而达到泥土更结实的效果，所以内部无孔隙是夯土的最大特征。夯土原料掺杂了各种土源，颜色比较杂乱，无论如何也不可能如生土般单纯。

有一本关于盗墓史的书，说盗墓贼有"嗅功"。他们向土里插根铁钎子，拔上来闻闻，鼻子独吸一下，通过味道便可判断地下情况。拥有"嗅功"的盗墓贼被称为"闻家"。还有一部影视剧，主人公的父母为考古学家，在某次保护国家文物行动时被国外盗墓团伙杀害，但他对"考古"事业有着与生俱来的兴趣。在护宝过程中和不明势力斗智斗勇，保护古墓中文物不受侵坏破坏，经过了一系列惊险刺激、匪夷所思的事件，发现了很多未解谜团。

考古人家的孩子应该知道考古不等于挖墓。这种作品的传播影响极坏，我打心眼里难有好感。本人因眼睛近视，看土块不得不凑近鼻尖，此情景不知何时传到了网上，被作为了盗墓贼"嗅功"的配图，气得人七窍生烟。

显然，俑坑表层填土经过了夯打。夯具在土表面留下浅窝，夯窝中间弧形下凹，独立的夯具头则为圆形，直径3厘米。6枚簇拥在一起像朵梅花，总直径约7厘米，这种夯具被称为"丛夯"。

丛夯体现了古人对力学的掌握。面积越大，压强越小。夯锤面积大，产生的压强小，夯土砸不瓷实。古人明白这个道理，夯锤尽量减少接地面积。最常见的办法是将荆条或细木条捆成一束用来捶土，由于每股荆条都很细很容易将土打实，用荆条夯打过的泥土会留有小圆点，犹如点点梅花。这种技术古已有之，兵马俑坑出现并没啥可圈可点之处。

直径12厘米规格的夯窝见于地基表面，加上以前发掘出现的直径约 7 厘米的单夯，看来秦代的夯具类型至少有 3 种以上。依照夯窝形状，夯具头部形制有两种，圆形的，直径有大有小，7 厘米 ~12 厘米不等，半球形，可能是石质，也可能是木质；另一种为丛夯，木质。两种均为单人操作。

半球形的石夯具即夯锤。此外，战国秦长城遗址中还发现有板夯印痕，一大块木板一下挨一下砸过去形成平整硬面。这种夯一个人虽然也可以独立操作，但要想达到和丛夯一样的坚硬效果不太容易，考古学界称这种夯土为"粗夯"。

夯具不一样，夯土质量自然有了差别。夯土质量不一样，根源在于工程要求不同。除了建筑台基和墙体之外，丛夯经常被应用于墓葬填土，是防范盗掘最有力的手段，墓主入土安息的最后一道防线。考古人员抡起镬头铁锨，"咚咚咚"掷地有声，震得虎口痛，逐层深入挖下去，有时能发现下葬时的祭祀行为，这对了解古代葬俗具有重要意义。而盗墓贼不会顾及历史信息，多使用炸药一炸了之。一般墓葬底部绝少经过夯打加工，稍作平整，铺上草木灰或者架上几道枕木也就了结了。

同理，用于丧葬的地下陪葬坑，地基稳固性要求少，使用压力较小的大夯具简单处理，夯打程度予以弱化，从而节省人力；顶部覆盖回填土使用压力大的丛夯砸实，密闭性必须加强，从而防范后期人为破坏和自然破坏。

了解兵马俑坑建筑营造使用夯具的多样性，有助于了解劳动组织的多样性，而无论组织形式如何多样，少府是总承建方。秦时的少府职掌宫室、宗庙、陵寝及其他土木营建。西汉景帝时改称作"大匠"。

少府，秦官，掌山海池泽之税，以给共养，有六丞。（东汉·班固《汉书·百官公卿表》）

少府是官署机构，不是职官，其中有"尚署""冶署"很多分机构。被大家记住的少府众多官吏有"少府章邯"，这句话注明了章邯所在的单位，至于他是"监"从三品，还是"少监"从四品下，并不可考。

所有建筑自然都不能缺少墙。西方建筑可以见到城墙和围墙，特别是中世纪的城堡，多带有厚重的外墙，主要是为了防御。当具备了其他防御手段时，墙可以不设，例如克里特岛上的米诺斯王宫，因为拥有大海作屏障，宫殿四周完全没有防御的围墙。尤其是17世纪法国的凡尔赛宫，摒弃了中世纪城堡的封闭形式，完全是一种开放的姿态。

中国建筑采用梁柱框架结构，墙无须承担承重之类的作用，多是起到分隔、防御、封禁的作用。仲子哥啊你听我讲，别翻越我家围墙（将仲子兮，无逾我墙①）；"春色满园关不住，一枝红杏出墙来"，中国古代建筑特别强调封闭，福建土楼是最典型的例子。

汉字中的"壁""垣""堵""墉"等字都有墙的含义，可见土墙围合属于中国特色。兵马俑坑建筑内部的隔墙也是如此，因此很多年来我们都觉得它们应该是经过夯打的土墙，但实际情况又是怎样的呢？

一号坑各段隔墙夯筑痕迹最明显的一般都是在隔墙端头，中间段

---

① 佚名.郑风·将仲子[M]//诗经.刘毓庆，李蹊，译.北京：中华书局，2011.

根本不见，而且自然下坐得非常严重，以致现存高度很低，陶俑肩部以上部分都超过了隔墙高；三号坑有一段极短的夯层格外清楚，绝大部分很难划出连贯的夯土层次；二号坑隔墙土质松软，根本找不到清晰的夯窝。

墙体夯筑潦草？墙体原本就是生土修整而成？很多年后，继续坚守在兵马俑发掘一线的同事们告诉我："哎，你猜怎么着，我们从俑坑底部深半米处的生土开始，反过来从下向上解剖，一直追，一直追，生土一直连贯不断。"

原来隔墙没有经过夯打，只是在挖坑时预留出一道道生土梁。对于隔墙两端和局部土质松软区域再实施小范围夯打，起到加固的功效。家在农村的师傅告诉我说这叫"帮棱"，村里修筑梯田，有些地方砸点夯土避免田边垮塌。

地基避湿润，墙厚御风寒，筑墙分隔内外，使男女有别。地上宫室建筑夯打的体量，尚以满足最基本需求则已，对本就无须强调固若磐石、上万平方米的大体量地下建筑，营造之初先整体挖出深坑再夯造隔墙，实属画蛇添足之举。陈胜派军攻至临潼附近，章邯受命率徒迎击且屡战屡胜，看来少府官员们不傻。

经过考古人近40年的甄别，兵马俑坑隔墙原来闹了乌龙，实际并未夯打，只是生土梁。"咬定青山不放松，任尔东西南北风。"听着同事分享新结论，我脑海里蹦出这句诗文。真正的考古工作不需要有"嗅功"，更没有惊险刺激、匪夷所思的事件发生，发掘探索过程往往是枯燥的持久战。

我心中那个疑窦又再次冒出：兵马俑坑建筑是精品工程吗？

08

故作玄虚那点事

在考古现场，师傅如果说这层土已经"死了""生了"，意思都是指不会再有人类活动遗存，要是说"好着呢""活着呢"，大家都高兴，意思是还有人为翻动，得继续向深处发掘直至"生了""死了"为止。

兵马俑坑发掘不能深至生土为止。不然坑内所有秦代遗存，可移动的比如陶俑、兵器都得提取，不可移动的比如车迹、朽木，都得铲除。没有挖到"生土层"，会不会下面遗漏什么东西？曾经有人猜继续挖下去还会发现关于秦始皇陵的更多秘密。

隔行如隔山，公众应该对考古工作者抱有最基本的信任。揭开俑坑底部铺地砖，考古工作者在历次发掘中都已经进行过大面积勘探和小范围试掘，确实发现有很大一部分区域出现过人类活动的痕迹，但这些痕迹只是锸一类的工具挖土时所留，证明俑坑修建前期平整过地基。平整地基发生的时间当然比兵马俑放进来要早，直至现在盖房子也是要提前挖基槽，又有啥可大惊小怪呢？

熟土经过秦人的扰动，到底算不算文物？我无法回答，却又想起另外一件令人哭笑不得的事。有些导游听说兵马俑坑有"熟土""生土"，却望文生义，理解成了炒菜做饭的生、熟。他们说这些土都经过炒制，以至于多年寸草不生，吃瓜群众立马惊叹："我的天哪！"更有人耐不住好奇，偷摸去抠，像捡了一亿元人民币，坑边普普通通的熟土、生土神秘地被揣起来带走。闹得保卫部门经常求助考古队，希望提供土源夯补缺口。

因熟土之熟产生的玄虚，也给秦始皇陵夯打封土罩上了神秘色彩。好事者演绎说，秦始皇把北蟒山的土炒熟运到骊山，运土的民工像是滚动的履带排成两行，效率很高，场面壮观。还要支锅架火，旷野上有数不清的大铁锅和无数的工匠百姓，人挑肩扛，烟雾弥漫，像小山一样的封土不知道要耗费多少人力和物力。厌恶秦始皇的人会说：这人疯了，简直是烧钱。膜拜他的人会说：秦代国力雄厚，秦始皇做事总是大手笔，花钱豪横得很。

古之葬者，厚衣之以薪，葬之中野，不封不树，丧期无数……（《周易·系辞下》）

很久很久以前，古人都是给遗体覆盖厚厚的木柴，埋葬于旷野，不建封土堆，也不种树以标明其位置，服丧期也不做硬性规定，没有具体的日月数。后世对于"不封"的解释没有什么变化，还是不建坟丘，但对于"不树"却指不立碑、不搞地面纪念性建筑。

古代墓葬形制有一个不断变化的过程。商代大墓不封不树，却在墓穴上方建享堂。春秋战国时期冢墓出现，国君级大墓开始在墓穴上堆起高大的封土。秦国直到春秋中晚期仍然沿用享堂墓，如凤翔秦景公大墓，发现了柱洞和建筑材料，说明墓穴上有建筑。

世之为丘垄也，其高大若山，其树之若林，其设阙庭、为宫室、造宾阼也若都邑。（战国·吕不韦《吕氏春秋·孟冬纪安死》）

推测大约从秦献公开始，秦王公陵墓采用冢墓。建坟造墓高大得像山，坟墓上种的树木茂密得像森林，墓地建造得像都邑一般。秦始皇的近世祖普遍使用高大封土，比如位于咸阳市严家沟、司家庄、周陵、北上召，西安市芷阳村、韩森寨等地的秦陵，都有覆斗形封土。

周陵包括南、北二陵，南陵封土外形为"覆斗状"，现高14米、底边长约100米、顶边长40余米。北陵南距南陵145.8米，封土外形为截锥体，现存高度17.5米，底边长60米左右；司家庄主陵一座，现存封土底部东西长80米、南北宽63米、高约15米；严家沟陵园内现存两座封土，南封土仅余高4米~5米的平台，底部范围东西长123米、南北宽约90米。北封土呈覆斗形，底部边长73米~79米、顶部边34

米、高约 15 米……① 墓穴上堆出封丘，既可防止狐狸掘进，又可避免水害。

2000 多年间，上至帝王将相、文人雅士，下至匹夫草莽，都对秦始皇陵怀有无限兴趣，各种传闻真假难辨。比如秦始皇陵封土有多大？汉代人说高 150 米，底面周长为 2107.8 米；曹魏时期的人说高 50 余丈，周长 5 里余；晋代人说不对，太高了，实际只有 10 丈高；北魏人说我量过，高度 16.45 米；还是唐代人有气魄，高度直接飙升到了 359.6 米。到了近代，外国人也参与了这场争论，1906 年日本人足立喜六测量后得到的结果是，高度约为 76 米，底面东西宽约 488 米，南北长约 515 米。种种说法层出不穷，争论不休。

经过 2000 多年的风雨剥蚀和人为破坏，秦始皇陵封土已比原来小得多了。1982 年，陕西省地质局测绘大队对秦始皇陵进行了航测，推算现存高度 51.5 米。于是，玄虚又起，又有人传言，秦始皇终年 50 岁，每一岁筑一米。

公士以上至大夫，其官级一等，其墓树级一树。(战国·商鞅《商君书·境内》)

秦始皇陵封土仍然沿着冢墓的发展轨迹在走，没有出格。商鞅曾经设想在封丘周边植树，按照官级高低，每一级多一棵。下葬完成后，二世命人"树草木以象山"，也没有出格。

---

① 焦南峰，孙伟刚，杜林渊 . 秦人的十个陵区 [J]. 文物，2014（6）：64-76.

植物考古学

研究与考古学文化相关的古代植物遗存的学科。在考古发掘中有可能被发现和获取的古代植物遗存共有四类，即植物遗骸、植硅石、孢粉和淀粉颗。通过对这些材料的分析和研究，探索与人类文化活动相关的植物遗存，如食物生产的起源与发展过程、人类利用其他植物的活动等以及复原古代生态环境。

当初究竟植了什么草和树呢？没有明文记载。传说秦穆公时有人掘地得到一个怪物，形貌怪异，擅长挖洞，掘穿墓穴专门啃食尸体。想要杀死它，必须用柏树东南侧的树枝戳它的脑袋。从此以后秦国开始墓皆植柏。传说毕竟是传说，二世是不是这样做了，估计植物考古学也难以给出结论。水土流失，历代破坏，现存封土表层已经不是2000多年前种过树的那层土了。

对兵马俑、对整个秦始皇陵，未知内容很多，玄虚令真相扑朔迷离。比如关于整个陵园修建期长的情况，早年间普遍认为，陵墓修建时间是从年仅13岁的秦始皇登基后开始，历经其执政的37年和秦二世时期的近2年，前后共计近40年。而揭开谜团的唯一方法，当然只有开展全面的考古工作。

考古发现表明，墓穴营造应在秦统一之后，园区建设应是一个短期行为的结果。一些覆盖在修陵人尸骨上的瓦书，标记了死者姓名和籍贯，这些修陵人有秦国本地的，更有来自山西、河南、山东、江苏、湖北等地的。而齐国在秦统一六国的当年才最后被灭，齐国工匠能来到这里一定是统一之后的事情。

《吕氏春秋》是吕不韦全额赞助出版的图

书。书中说万年一瞬间，而人活着不过百年，拿百年思维去维护万年动态，那是不自量力。如果建造高大封土这样的厚葬是为了向世人炫富，尚可理解，但用这些安葬死者却不妥。从古至今，朝代不断更迭，世事变迁，实在难料，没有谁的坟墓可以确保不被盗掘。既然厚葬之后的百年、千年间会被挖掘，从死人角度看又何必如此大费周章！

遥望秦始皇陵高大的封土堆，我想起了河南南阳"不见冢"。"不见冢"是一个地名，名为"不见冢"，实际却被发现有一座超大型墓地[①]。整个墓地布局规整、等级较高，是南阳发现的最重要的东周时期高级贵族墓地之一，时代大约在战国早、中期。

主墓总长约 66 米，深约 18 米。墓室四周有阶梯状台阶。主墓西侧的车马坑形制庞大，规制媲美洛阳的"天子驾六"。主墓南北两侧各发现有地面建筑基础，部分专家认为是"享堂"。已发掘 89 座陪葬墓，有的带有车马坑。发掘出土鼎、壶、敦、剑、戈、矛、弩机等青铜器、陶器

天子驾六

天子用车是六匹马驾一辆双轮车，随同的副车是四匹。始见于周礼。即：天子驾六马，诸侯驾四，大夫三，士二，庶人一。是乘舆使用的礼仪规定。周礼条款繁多，详细规定了不同等级的贵族享受不同的待遇，事无巨细，面面俱到，但"刑不上大夫，礼不下庶人"。

---

① 南阳文物保护研究院."不见冢"里见了什么 [EB/OL].2022-01-28[2023-04-18].https://www.nywwkg.m/index.php？m=content&c=index&a=show&catid=42&id=137.

及玉环等文物1000余件。其中非常吸引人的是一对陶俑和依然锋利的青铜剑、箭镞、戈等具有战国时期典型特征的器物，尤其是一件青铜器上有一个铭文"州"（"周"的通假字）。

"不见冢"墓地主墓的墓主人身份十分显赫，相当于"王"级，有周王室后裔王子朝、楚国封君鄂君启、楚国大将屈匄等各种猜测。说到王子朝，他是周景王庶长子，公元前520年周景王死后，周王室在继位问题上发生内讧，王子朝虽占据王城洛阳数年，但因属庶出，并不能继承王位，嫡次子王子匄避居泽邑；公元前516年秋冬之际，晋顷公出兵支持王子匄复位，即周敬王，中原诸侯国纷纷响应，王子朝遂携周室典籍投奔楚国。此事被记录入《左传》和《史记》等书中。

不论是"不见冢"还是秦始皇陵，玄虚背后一定有实相。

秦王政九年（前238年）之后，吕不韦阻止不了秦嬴政修陵的疯狂，因为这个时期已经迈入帝国时代，李斯丞相一手操办了高大如山的封土、深至三泉的地宫、大量的陪葬坑、陵园以及地面上的建筑。经历了从王国到帝国的变化之后，以地缘为基础，四海归一，中央集权，并将流传万世，秦始皇陵需要展示帝国文明。

09

建筑结构的量身打造

兵马俑坑真不是"坑"，这一点在二号坑的营造方式上体现得更清晰。

二号坑平面呈曲尺形，1976年5月至1977年8月进行了局部试掘，初步明确了建筑形式和埋藏内涵。其中建筑要素包括隔墙、二层台、过洞、开间、门道和各种复杂的土木结构。通过这些要素，内部空间划分出4个功能区，分别放置车兵、骑兵、步兵多种方式的兵种编组。不同功能区建筑顶层棚木铺架方向有变化，每条过洞在东西两端各竖一排立木进行封堵，相邻单元局部又设小门互通。

功能区类似"营房"，相对独立、局部相通的是"大营套小营"，所以有学者定位俑坑建筑为营

二层台

考古学术语，土圹四壁留出的台阶。土坑竖穴墓中的二层台，有挖墓时预留的生土二层台；有下棺后另行夯筑的熟土二层台。二层台常用于存放随葬品，甚至埋葬殉葬人。

垒①。营垒关乎战争胜负，著名战例有秦赵长平之战、楚汉井陉之战。

《史记》记载长平之战，9次提到垒壁。从战争爆发秦军初战告捷到赵军换将廉颇，到最终赵括成为赵国罪人，拉锯战中都与筑垒壁、守垒壁、攻垒壁有关。垒壁对战争双方都起到了相当重要的作用，给人留下了深刻的印象。

汉高祖三年（前204年）十月，韩信率汉军攻打项羽的附属国赵国。赵王歇和赵军统帅成安君陈余集中20万兵力，于太行山区的井陉口（今河北井陉东）设置营垒，准备与韩信决战。韩信指挥部队进到离井陉口30里远的地方扎下营来，又在半夜时分选拔2000轻骑在赵军大营后方设下埋伏。翌日，两军正面鏖战时，赵军营垒已空，汉军轻骑乘虚而入，前后夹击将20万赵军杀得大败。

营垒关乎战争胜负，经典战例还应该包括上甘岭战役。1952年，中国人民志愿军构建了以坑道为骨干、支撑点式的防御体系，创造了现代战争史上坚守防御作战的范例。坑道即是营垒。

设营垒，则有天罗、武落，行马、蒺藜。（《六韬·军略》）

营垒、堡垒、壁垒、阵营，均指军营四周的围墙、防御设施。天罗，一指林木纵横的自然地形，二指一种战具；武落，即虎落，遮护城堡或营寨的篱笆；行马，阻拦人马通行的木架子；蒺藜，一年生草本植物，有刺，明代大医李时珍说"其刺伤人，甚疾而利也。屈人、止行，皆因其伤人也"。路障、铁丝网之类的设施在影视剧里经常有，

———————

① 张仲立.长平之战垒壁与秦俑坑军事建筑 [J].文博，1993（1）：70-76.

现实生活中比比皆是。军队安营扎寨，四周设防御、戒备的边界，筑垒以待。

除了以夯土或竖起立木进行封堵，俑坑建筑部分未明确有其他属于营垒的防卫性设施。是没有还是没被认出来？

1999 年我负责二号坑东北部编号 K2 区域的发掘，对两处痕迹一直念兹在兹。K2 区域建筑棚木呈南北向铺设，与东、西两边铺设方向不同，建筑空间南北长、东西窄，试掘出土过袍式立射俑和远射程兵器，其中有高等级军吏俑和木弩。

我遇到的这两处痕迹，一处只见纵木，痕迹长 25 厘米、宽 3.5 厘米、厚 3.5 厘米，似为对凑而成的方形木条，外表髹漆。一处较完整，外形像"工"字，两纵向朽木宽 3.5 厘米，残长分别为 90 厘米、45 厘米，框架间有横木，长 21 厘米，横木与纵木通过榫卯连接成框架。用

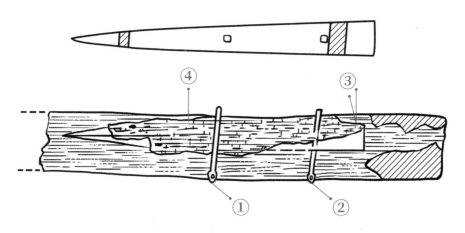

▲ 兵马俑二号坑 K2 区域 "木金复合器"
① ②为铆钉，③ ④为复合木片

铁扦插一插，纵木里有硬硬的东西：四棱形金属尖状器。

金属器全长 19 厘米，中部宽 2 厘米，厚 1 厘米，截面为长方形。镶嵌在木条内并以两组铆钉固定，形成"木金复合器"。有尖，框架既结实又有一定的杀伤力，但我不敢判断它是行马。

目前 3 座俑坑中高级军吏俑有 10 件，此处有 1 件，说明此区域挺重要。"木金复合器"只有我发掘到了，并由此给我带来了 20 余年的困惑，不过却深感与有荣焉。

从发掘三号坑开始，张仲立先生一直是我的直接上司。他坚定地认为俑坑是秦代营垒的象征，具有临时性，可能代表出师征伐中的某个间歇屯驻。借着一条看不到使用痕迹的门道，他和我们这些考古菜鸟讲授俑坑建筑与营垒的关系。

"确实是临建用房。"我一边似懂非懂地听着，一边费劲巴力地寻找坑壁。那些坑壁看起来虽然比较平整，却不见任何涂抹修饰，有些地方经过多次删削铲平，边界歪歪扭扭，并不笔直，作临时屯驻之用，也算是量身打造了。

百年大计，质量第一，临建用房不需要太考虑质量，当时我对此感受不多。10 年之后，我再一次体会到俑坑"量身打造"的建筑特点，更产生了一个疑问：俑坑是精品工程吗？

一号坑第三次发掘期间，两条过洞内有铺砖 2500 余块。铺砖的方法一般是小型砖每排 22 列 ~23 列，大型砖每排 16 列 ~17 列，每过洞基本有 59 排。大型砖使用少，与俑坑通往地上的通道和门相对。哈，现代装修称这种铺砖方式为"通铺"。

大型砖、通往地面的通道、通往地表的侧门，三者将整个一号坑划分成了 6 个空间。所有隔墙、边墙并不贯通，而是有 5 处狭窄的缺口。考古学界称这些缺口为"甬道"。

甬道与地下建筑贯通，功能是通道，它对应的过洞空间不摆放陶俑。这种通道宽仅 1 米，当不是为当时施工所用，而应具有建筑上的象征意义。以一条一条甬道间隔，以大砖、小砖分铺，以陶俑摆放疏密区分，一号坑建筑有点像联排房。原来俑坑建筑设计、施工属于一气呵成，考虑了军阵有序排列的要求，实实在在地"量身打造"。

按照建筑设计图，秦代工匠施工之前进行着铺砖筹划。总需求量是多少，现有库存有多少，不足数量如何解决？想想头大。我的学生们也表示"头大"，因为清点数量、测量规格看似简单却做不到十分精准。他们说最大的砖约长 42 厘米、宽 19.5 厘米、厚 9.5 厘米，重 14.5 千克；稍大的约长 41.5 厘米、宽 13.5 厘米~14 厘米、厚 9.5 厘米，重 10 千克；最小的约长 28 厘米、宽 14 厘米、厚 7 厘米，重 5 千克。

"约"说明每块砖的规格没有绝对一致。此外，"约"还有一个含义：在一些边边角角，铺地砖竟然使用了碎砖拼凑。工作人员测得这些数据的感觉和读者看这些数据的感觉相同，都是枯燥乏味，我却突然有些意识上头。

同规格的砖存在小范围差别，制砖脱坯是同一模子吗？多件模具对应到人，窑工人数以复数计，窑场甚至可能分布在多个地区。精品建筑能有这番操作吗？

要理解这些通道在建筑学、军事布阵方面的意义，脑海中得有一幅俑坑建筑的立体图。一号坑展厅建设正值国家经济困难时期，经费有限，不得不缩小建筑规模，忍痛割舍了通道部分，以至于大家现在

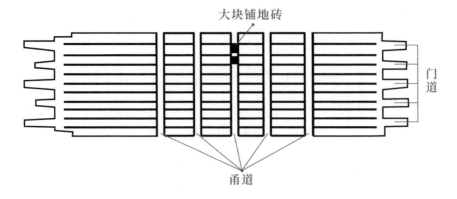

大块铺地砖

门道

甬道

▲ 兵马俑一号坑铺砖与甬道位置关系示意

凭空想象俑坑建筑的样子有点难。

3座兵马俑坑底部全用陶砖墁铺，粗略推算用砖总量为 25.6 万余块。烧砖的陶窑在秦始皇陵周边也发现过多处，它们多分布于陵园的建筑或陪葬坑附近。窑室面积接近 10 平方米，窑床面积 6 平方米以下[1]。折合一下一座陶窑的产能，俑坑建设用砖需要多少窑、多少劳力……不得不凡尔赛一句：唉，真令人头大。

相对于兵马俑，砖应该很难引起关注。当它不再仅仅是建筑辅材，还呈现了秦代窑厂烧砖的工序、俑坑建筑设计、施工步骤等重要信息时，考古人员一边设计问号，一边消除问号，简直就是一场永远也结束不了的"消消看"游戏。

难得有一种职业能如考古一样，可以实现在工作中愉快地玩耍。为了消除学生们工作中的枯燥感，我讲了砖上陶文的故事。

---

[1]　秦俑考古队 . 秦代陶窑遗址调查清理简报 [J]. 考古与文物，1985（5）.

通过局部揭取，目前发现部分大型砖和窄条形砖的一端有戳印文字，计76件、21种，均为中央官署制陶作坊的陶文，涉及左司空、左水、宫司空、都船、大匠、寺工等官署机构，其中有些职官史料已经失载。部分官署机构和陶工姓氏，比如"左司高瓦""左司某瓦""左水疖""宫毛""宫炟"，与秦始皇陵园建筑使用的砖瓦印文完全相同。

▲ 铺地砖

显然，俑坑和陵园建筑材料同源，建设时间同期。相比之下，秦始皇陵园及各地发现的秦代建筑用瓦，涉及的生产机构和地区更丰富。一批郡县工匠的署名，如"美阳工苍""好畤工伙""乌氏工昌""芷阳工乘""宜阳肄""郧阳共"，将陶工属籍扩大到咸阳内史和郡县辖区。

宜阳，大县也，上党、南阳积之久矣。名曰县，其实郡也。（西汉·司马迁《史记·樗里子甘茂列传》）

（秦武王三年）其秋，使甘茂、庶长寿伐宜阳。四年，拔宜阳，斩首六万。（西汉·司马迁《史记·秦本纪》）

宜阳原为韩国大郡，治所在今河南省宜阳县西，秦武王四年（前307年）下大力气占为秦地。由于秦武王在位时间短，近年又有影视剧出于艺术需要，把他的人设定位得有点歪。

攻打宜阳是张仪的主意，武王吃不准，找叔父、右丞相樗里疾商议，虽然话说得很委婉，却不出意料地遭到"断然不可"的强烈反对，武王只能转而向甘茂征求意见。甘茂道："请让我出使大梁，约魏相助。"武王大悦，使甘茂出使魏国，魏王许诺助秦。甘茂与樗里疾素来不和，恐樗里疾从中阻挠，先遣副使向寿回奏秦王，而甘茂自己滞留于息壤。

秦武王赶到息壤，甘茂先讲了一个关于信任的事。他说："过去有个与曾参同名同姓的人杀了人，先后有3个人告诉曾参之母其子杀人，最后曾母不得不信，翻墙走匿。我没有曾参之贤，大王对我的信任没有曾母对曾参的信任度高。如果我率军攻宜阳，久攻不克，而朝中大臣诋毁我，大王也必然对我生疑。"为了解除甘茂的后顾之忧，君臣二人歃血为盟，藏誓书于息壤。甘茂为大将，向寿任副手，发兵5万开打。

宜阳不好打，秦兵围城5个月却迟迟无法攻下。右丞相樗里疾开始说三道四："秦师老矣，不撤回，恐有变。"武王召甘茂班师。甘茂人没回来，只写信一封，信中只写了两个字：息壤。武王大悟，追加大将乌获率兵5万以助甘茂。

宜阳之战充满血腥，秦军斩杀韩兵 6 万，降者无数。过程除了血腥杀戮，也不乏人情世故。武王用人不疑，疑人不用。战后下诏甘茂班师，留下向寿做战后安抚。秦武王的本色并不是电视剧演绎得那般昏聩。

秦始皇时代，来自故韩大郡的陶工肆早已不记得甘茂血洗宜阳之痛了，他在骊山脚下为圣上烧出质坚如铅的建材。同伴中还有乌氏工昌、郧阳共。他们有一个共同的名字：骊山徒。

10

修建秦陵的三种人

隐宫徒刑者七十余万人，乃分作阿房宫，或作骊山。（西汉·司马迁《史记·秦始皇本纪》）

石茕

饮酒行令之器。有14面，每面刻一字，其中一面刻有"骄"，一面刻有"男妻"，而另外12面则依次刻有数字1到12。对比满城汉墓酒令钱铭，"男+妻"，即"畏妻部"，意思是怕老婆可耻。"骄"即"骄吹己"，表示起与止。

参与秦始皇陵土木工程建设的人员统称骊山徒。70余万人的隐宫、刑、徒，还是隐官、刑徒？人们对这几个字的理解不同，渐渐地演绎出一种说法，秦代修阿房宫和骊山陵，用了70万受过宫刑的人和其他罪犯。如此一来，秦代的犯罪率居高不下，估计出生率也高不了。

1976年陵园内建筑遗址中发现一件石茕，是守陵人的娱乐用品。1979年陵园西侧赵背户修陵人墓

▲ 秦陵出土石柷　　　　　　　　　　▲ 满城汉墓出土铜柷

地发现40余枚半两钱；1996年二号坑犄角旮旯发现几块砖围放着一堆炭迹，炭灰里有小动物的肢骨；同次发掘在俑坑顶部填土层有两枚秦半两，钱的规格一致，直径2.1厘米，又称"小半两"，属于秦末正在流行的版别；2010年，一号坑第三次发掘点发现了两把小刀和一节大型动物肢骨。为什么会有这样的遗物留存在施工现场和陵园内？

　　这些人可以有点小钱，可以忙里偷闲，可以偶尔"happy"吃点肉。这样的场景显然颠覆了我们以往的认知，和秦暴政的印象一点也对应不上，与"骊山徒"是刑徒的定位也不相符。

　　最能说明问题的发现是一批刻有文字的建筑残瓦。它们发现于修陵人的墓葬中，刻有墓主的姓氏、籍贯、身份等个人信息。这些修陵人因各种原因长眠于此，集中安葬于陵园西侧的公共墓地。在100具尸骨中发现19人配有墓志文，其中10人涉及上造、不更、公士等比较低等级的爵位。

▲ "杨氏居赀武德公士契必" 陶瓦

　　秦始皇陵园修陵人墓地出土。作用类似于后代的墓志。居赀是一种刑名，因犯法而被罚款，但无力缴纳钱财时以服劳役来代替。公士是男子二十等爵的第一级，即最低一级，身份略优于无爵之人，仍需服徭役。瓦上文字基本是阴刻小篆，竖行自右向左书刻。镌刻手法简单，字体随意

秦制爵等，生以为禄位，死以为号谥。（《汉官旧仪》）

其狱法……爵自二级以上，有刑罪则贬；爵自一级以下，有刑罪则已。（《商君书·境内》）

公士以下居赎刑辠（罪）、死辠（罪）者，居于城旦春，毋赤其衣，勿枸椟欙杕。（云梦睡虎地秦简《司空》）

秦国经商鞅变法，全面实行二十级军功爵位制。爵位是一个男子的身份标签。原来有爵位的人犯了罪，并不是只有受刑一种制裁办法，而是先降低爵次。二级以上的要"降爵赎罪"，一级爵即公士则要"以爵抵罪"。原来公士以上的人犯罪，先采用降爵赎罪或免爵抵罪。罪恶极大，无爵可夺，成了士伍，才被"尽其刑"。照此规定，秦时墓志凡称其爵位者绝不可能并称以刑名，反之，称其刑名者，也不会并称其爵位，两者不能并存。

10名具有爵位的修陵人，至死仍保留有爵位，他们不属于刑徒，只是因"居赀"——以劳役抵偿经济处罚的缘故来到了骊山脚下。关于这类人群，云梦睡虎地秦简中有很多记载，基本包括3种人：无力偿还罚赀的免任官吏、一般平民、私家奴隶。私家奴隶替主人顶包，最冤。

修陵人墓地的发掘现场有部分尸骨显示异常状态。比如有的头骨上有刀伤，腰部残断；有的身上有刀伤，俯身做挣扎状；有的身首异处，四肢骨与躯干骨分离，堆置叠压，虽然看起来挺惨，但也不能简单地将之划为刑徒，除非尸骨上有刑具。

为了有效保证劳动资源，统治者越来越意识到肉体惩罚并非上

城旦舂

男子筑城、女子舂米的刑罚；在汉文帝刑罚改革以前，城旦舂是无期徒刑；改革后，刑期最高为六年。

鬼薪白粲

要为祭祀鬼神而去上山砍柴和择米做饭的刑罚。鬼薪白粲是比城旦舂较轻的刑罚。

隶臣妾

因本人犯罪，或被俘，或亲属连坐充作奴婢的刑罚。男称隶臣，女称隶妾。秦时隶臣、隶妾为终身徒刑，但有赎免办法。在秦简中，"臣妾"是私人所有的奴隶，"隶臣妾"属于官府的奴隶。

司寇

被迫在边远地区伺察寇贼、监管犯人或服类似劳役的刑罚。司寇比他监管的犯人要自由些、劳动强度小些。

候

比司寇略轻的刑罚。与司寇皆为备守、监管，只是两者分工不同。

策，一般不判处死刑，尽量减少肉刑，广泛采取刑罚并举。在周代，刑罚以墨刑、劓（yì）刑、剕刑、宫刑、杀刑5种为主，都是肉刑；自秦汉开始，刑罚以城旦舂（chōng）、鬼薪白粲（càn）、隶臣妾、司寇、候为主，体现了体制从以肉刑为主向以徒刑为主的过渡。

秦的刑罚大体可分为13类：死刑、肉刑、徒刑、笞刑、髡和耐刑、迁刑、赀刑、赎刑、废、谇、连坐、收、谪戍。这13种刑罚轻重不同，在同一刑罚内又按处死的方式、对肢体残害的部位、鞭笞多少、刑期长短、迁徙远近和赀罚金钱数目等，分为不同的等级。各种刑罚既可以单独使用，也可以2种甚至3种结合使用。总之，造成对方肉体上的疼痛乃至伤残对国家并无好处，实施劳动惩罚当然更实惠。

黥、劓、斩趾，是秦代3种主要肉刑。黥，脸上刺字，伤害不大，侮辱性极强，不影响干活；劓，毁容程度加强，几乎不影响干活；斩趾造成的后果有点严重，身体行动受限，影响干活。

3 种肉刑在量刑程度依次递加，斩趾首先是左趾，累加后再是右趾。

> 楚人和氏得玉璞楚山中，奉而献之厉王，……王以和为
> 诳，而刖其左足。及厉王薨，武王即位，和又奉其璞而献之
> 武王，……王又以和为诳，而刖其右足。(《韩非子·和氏》)

很多人都知道卞和献楚王美玉的故事。楚人卞和献玉于两代楚
王，楚王均认为卞和是用石头欺骗他们，两次对他施以刖刑，顺序先
左后右。对肉刑实施的顺序，楚、秦有"共识"。

根据秦简，秦国曾有律文规定，对边境地区的蛮夷，如因抢夺人
口被捕获者，要处以黥劓、斩左趾、城旦舂的重刑。如果百日内不
死，才再行发落。看来，斩趾有死亡的风险，在打仗和生产都需要大
量劳动力的情况下，还是少用为好。

> 有罪当黥，故黥者劓之，故劓者斩左止（趾），斩左止
> （趾）者斩右止（趾），斩右止（趾）者府（腐）之。(湖北
> 张家山汉简①)

再根据汉简，汉代是斩过右趾之后，升级至腐刑，残酷程度较秦
有过之而无不及。腐刑也称"宫刑"。一个人生前是否受过宫刑，从
骨骼特征方面无法分辨。骊山徒中是否有人受过宫刑，考古工作者拿

---

① 彭浩、陈伟，[日] 工藤元男，主编 . 二年律令与奏谳书 [M]. 上海：
上海古籍出版社，2007.

不出证据，只能猜测文献在传抄过程中出了差错，"隐宫"是"隐官"。

这个猜测最终从秦末显赫的人物赵高身上得到证实。宫刑最初是惩罚不正当的男女性关系的，后来应用范围逐步扩大，目的是禁欲绝后。为了尽快痊愈，刚受过腐刑的人住在有取暖设备的密室，即"隐宫"，据说赵高昆弟数人都出生于这种地方。如果"隐宫"是给受过宫刑的人居住，赵高从何而来？赵高之父子嗣繁盛，说明这个"隐宫"一定是弄错了，应该纠正为"隐官"。

赵高的父亲是个身体正常的全乎人，只是有点案底。隐官的一个"隐"字道出了身份的尴尬，这类人受过肉刑，即使弃恶从善，余生再也无法融入社会。他们介于庶人和奴隶之间，国家予以编户并集中管理，给一份养家糊口的固定职业，其身份止于自身，不累及下一代。

尽管父为隐官、母被刑僇，赵高出身不好，仍然接受了正常教育。他从一名基层文字记录员做起，后来出任中车府令、郎中令、丞相等职，长于文字书法，精通法律，行事坚忍，以文法能吏身份长期仕宦于宫中，是侧近之臣的宦者，而不是宫刑之余的宦阉。

赵高曾做中车府令一职，与秦始皇陵封土西侧出土的二号铜车马御官代表的人群接近。这个御官呈跽坐姿态，两臂前举，双手执辔，身略向前倾，双目注视前方，一副忠于职守的状态。似笑非笑的小眼睛，多了恭谨，少了威武和阳刚；微翘上扬的胡须，半抿的双唇，平和又满足，挺符合赵高这种人的人设。

也有人说赵高就是太监，"半路出家"。赵高在净身入宫以前有妻子有儿女，后来他为了实现人生理想而忍着疼痛进宫挨了一刀，最终

► 秦陵二号铜马车御官俑

青铜铸造，中年形象，通高 51 厘米，重 52 千克。跽坐在专为御手设置的前舆内，神情恭谨、谦卑、专注。下视的眼睛和略微上翘的嘴角表达了心情不错的微笑，显示出他对自己身份的满意和优越感

走向了权力的巅峰。那我再讲一个小故事。

清代有位侍郎名叫毕际，他邀请《聊斋志异》的作者蒲松龄和一位尚书到他家做客。宴席上，尚书提议饮酒对诗，要求三字同头，三字同旁，韵脚不限。尚书是个贪官，平日目中无人，欺压百姓。他咏道："三字同头官宦家，三字同旁绸缎纱；若非朝廷官宦家，谁人能穿绸缎纱？"其诗大有盛气凌人之势。如果"宦"只有太监之意，尚书选此来对诗有点自取其辱。

骊山徒包括刑期内的罪犯、正常服徭役的平民、刑满释放者，其中的著名人物有黥布。黥布非本名，黥是此人的相貌特征，脸上有刺字，安徽六县人，姓英，看相的人说他在受刑之后会时来运转，贵可称王。到了壮年，果然犯法被判处黥刑。忍着皮肉之痛，黥布很兴奋，心理素质极好，愉快地自嘲道："估计我快当王了。"黥布定罪后不久被押送到骊山服劳役。骊山之徒数十万人，他与其中的徒长豪杰来来往往，后来带着这伙人逃到长江之中做了群盗，秦末战乱又携众与秦军多次交战，被项王封为九江王。可见骊山徒有一定的活动自由，业余时间可以串门走动，其中不乏藏龙卧虎之辈。

干活期间忙里偷闲，业余时间访亲会友。骊山徒们生前偶尔烤肉、社交，死后覆一片瓦寄托对故乡的思念。通过留存在俑坑和陵园内的遗物，考古研究复原着这处秦代大工程的修建过程。"工兴则聚，工完则散。"工官制度下，秦代以将作少府牵头，由因各种原因以服役形式临时凑在一起的徒们动工，相继完成了长城、阿房宫、灵渠、直道、驰道、五尺道等诸多大型建设工程。

工官制度

为王室、宫廷、官府服务的官营土木营造事务的制度。以集权、军事化或准军事化的管理方式，使得规模巨大的工程按预期目标完成。主要由国家组织实施，朝廷或各级官府派员进行筹划与监工，其中工程建设负责人由朝廷、官府或军队领导人担任，成立临时管理机构，工程竣工后即撤销。

11

修陵人的后方基地

　　历时 35 年的大工程，秦始皇陵修建共计动用了 70 万人次。曾经我隔窗眺望骊山，脑海里出现一幅人声鼎沸的场景，拉土的、烧窑的、搬运木材的、咣当咣当加工石材的，人挨人，人挤人，像蚂蚁一样多，放眼望去黑压压的看不到边际。我不禁瞎操心起来，这么多人聚集在方圆 50 千米范围内，吃喝拉撒如何解决，谁负责他们的后方供给呢？

　　初继位时，嬴政没有心思寻思修陵的事，13 岁的一个小娃，哪能想得那么远。况且国事由仲父吕不韦越俎代庖。吕不韦经商有道，自然精于算计，《吕氏春秋》反对厚葬的观点即吕不韦的观点。另一方面，当时哪里有人可用啊。王翦要求给 60 万人攻打楚国，秦王大大地"不悦"，没同意，对当时的秦国而言，60 万人已经是"空秦国甲士"。

　　土木之工不可擅动，经常被挂在嘴边的"历时 35 年"，应该包括项目前期筹划，实际工期并没有这么长，筹备阶段的重头工作即包括落实各项保障。

（秦王政）十六年九月……秦置丽邑。（西汉·司马迁《史记·秦始皇本纪》）

公元前231年，嬴政年近30岁。三十而立，这一年好事连连，韩国、魏国先后献地，东部战局越来越平稳。常言道人活七十古来稀，30岁接近黄土半截了，是该考虑推进陵园建设项目的落地施工了，行动之一即在骊山东北设丽邑。

丽邑之"丽"同"骊"。整个骊山区域在西周时期活动着一股戎人，他们总是对周王室骚扰不断，今骊山主峰山顶有一处景观——"周王烽火戏诸侯"烽火台，即源于此。传说周幽王为博美人褒姒一笑，点燃了烽火台，戏弄了诸侯。褒姒看了果然哈哈大笑。幽王很高兴，因而又多次点燃烽火，导致诸侯们都不相信烽火，也就渐渐不来了。后来犬戎攻破镐京，杀死幽王。最后的结果是幽王的儿子周平王不得不东迁去了洛阳，西周结束，东周开始。

烽火戏诸侯的这一源头很无厘头。烽火最早出现于秦始皇时期，源于"通权火"。国之大事在祀与戎，祭祀是华夏礼典的重要一部分，礼有五经，莫重于祭，是以事神致福。祭祀对象分为三类：天神、地祇、人神。天神称祀，地祇称祭，宗庙称享。祭天是国家大事中的大事。

雍城是秦国的故都，在今陕西省宝鸡市凤翔区。秦人在春秋战国时期设立了祭祀天地五帝的固定处所"畤（zhi）"。雍城距离咸阳数百里，秦始皇一般每3年亲自赴现场，其余时间则由太常代办。人不

坛

壇

场

▲ **雍山血池遗址**

　　2016年发掘。位于陕西省凤翔区。选址高山之下，小山之上，形制为"封土为坛、除地为场、为坛三垓"。是首次在雍城郊外发现的时代最早、规模最大、性质较为明确、持续时间最长的秦汉"皇家祭天台"

到礼到心到，他带领群臣在咸阳城郊外同步参加活动，为示圣意，沿途同时点燃圣火，光辉一路延绵，若然属天，远照通达祭天台，称为"通权火"。

2018年在陕西省宝鸡市凤翔区雍山，考古发现了血池祭祀遗址。血池遗址清晰地展示了秦汉时期举行祭天场景的细节，确认沿雍山山梁向东每隔若干距离，在制高点均有烽火台。

西周时代根本没有烽火。商代亡于妲己，西周亡于褒姒，历史惊人地相似，不过都是没有担当的男人们掩饰无能的伎俩罢了，我们大可看破不说破，以考古发现为凭看看骊山脚下真实发生过的故事。

骊山戎造成的骚扰局面令晋献公寝食难安，他护主心切，于公元前672年派兵灭骊戎。作为战利品，掠骊姬和她妹妹入宫并宠爱有加，所以说秦始皇掠六国美女真算不上污点。也正是在骊姬姐妹的撺弄下，才有了之后的一堆事，晋国两位公子重耳、夷吾流亡他乡，晋国大乱，秦穆公资助晋国但好心没得好报。

秦始皇时期骊戎之患早已不存，秦武公时期既已扩张到了更东边的华山脚下，设郑县。一座座繁荣的小镇围绕在都城周边，如星拱月，比如戏水河畔的"戏亭"、骊山脚下的"焦亭"。

进入战国晚期，戏亭渐渐成为"国际化"商贸中心，客商们或沿渭水泛舟漕运，或穿秦岭攀栈道人背牛驮，从各地源源不断地带来物产于此进行交易，街区人流穿梭，市场不同币类无障碍通兑，法化刀币、明刀币、方足币、蚁鼻贝、郢爰金币……举办一次战国钱币展览绰绰有余。吕不韦派出的陵园建设设计团队入驻这里，昼出夜伏，跋山涉水，在无可备选的骊山脚下定一块风水宝地真是难呢。

御史卒人使者，食粺米半斗，酱驷（四）分升一，采（菜）羹，给之韭葱。其有爵者，自官士大夫以上，爵食之。使者至从者，食米（粝）米半斗；仆，少半斗。（云梦睡虎地秦简《传食律》）

戏水亭长也发愁。他时常坐在铜门楣下算计着一日两餐的供给。卒人每餐粗米半斗，酱四分之一升，有菜羹、韭葱佐餐；随从粗米半斗，仆人粗米三分之一斗。即使戏亭财政税收再多，旷日持久、越来越多的需求恐怕也难以维系。

成立经济开发特区，嬴政同意了李斯上报的计划。正式进入陵园修建阶段，规模更大、财力更殷实的行政区——丽邑应运而生。丽邑因陵而建，不同于其他郡县制下的县邑，不依附于陵内机构，经济独立，行政独立。立足市场需要，掘穴为窑，引渭河支岔溪水和泥，众多制陶园区烟火缭绕，一批"丽邑"瓦当、"丽邑五斗崔""丽邑二升半八厨"、五角形排水道等日用陶器、建筑材料很快出炉，丽邑成为陵园后勤物资的主要供给地。

秦始皇三十五年（前212年），需要大规模征调劳役加快修陵进度，为了壮大实力，丽邑再次补充3万户人口，来自关东其他地区的移民举家西迁。原本六国人根本不羡慕秦国人的生活，十分不愿意迁居至秦境。当时普通人普遍没有什么爱国心，除了秦国搞了非常严厉的户籍制度，人口迁移基本由政府决定外，其余各国的人觉得哪个国家好就搬家到哪国去是常态。但没有谁想去秦国，相反，一旦有置身秦国统治下的可能，大家都很恐慌。

公元前 262 年，长平之战的前两年，秦国攻占韩国的上党地区，韩国的上党郡守冯亭派人前往赵国求助，理由是"其民皆不欲为秦，而愿为赵"。最终上党归赵国，民众无逃亡。

公元前 260 年，长平之战爆发，纵横家苏代求见秦国丞相范雎，劝说秦国退兵时说道：秦军围困了邢丘和上党，结果上党的民众全跑去了赵国，天下之人不想做秦国的百姓已经很久了，假如现在灭了赵国，那么，北边的赵国人定会跑去燕国，东边的赵国人定会逃往齐国，南边的赵国人则会迁往韩、魏，秦国能得到多少赵国百姓，想必你心里也有数。

范雎与白起是政敌，苏代的目的是离间二人关系，用实际的利害关系打动范雎从而达到退兵的目的。因此，苏代这番话必须符合实情，因为范雎也是聪明人，不会轻易被忽悠。

上山打柴，过河脱鞋，到哪里说哪里的话，人得懂得变通、识时务。当失去选择的自由时，丽邑内迎来了新居民。他们非富即贵，有的有钱，有的有技术，按照每户 4 口 ~5 口人计算，总数有 12 万 ~15 万之众。加上春秋武公之后繁衍的土著民，丽邑常住人员乌泱乌泱，数量相当可观。他们分散在管辖区的各个市亭闾里，搭建了物资供给链和人力储备库。

没有人口基数托底，人才保障无从说起。陵园修建接近尾声之际，在政府的指令下，"抢人大战"的结果是丽邑人口升级，从而保证了人力资本升级，保证了城市繁荣，保证了支撑陵园后勤保障的能力。加上内史辖区各县的参与和邑丞令的全局统领，修陵人的基本生活有了着落。

戏水亭长坐在铜门楣下，眺望着骊山晚照有点悠闲。西头巷子尾，来自魏国的皮匠正在家中擦拭着一件祖传漆壶。瞧着釦边上的"邵阴下官""廿二年皮啬夫王佗嗣邦斫容四分薶一益"刻字①，他没有情绪，没有言语，没有表情——心理学家们认为这是难过到极点的反应。

公元前255年的魏国时代早已经一去不复返。

历史总是惊人的相似。戏亭曾经作为客商往来的中转站，附近现在是铁路枢纽新丰编组站，被称为"西部大开发"的桥头堡，承担的任务类似戏亭。2007年为配合这项建设，考古工作者在戏河河畔台地上发掘了594座秦墓，绝大多数属于秦始皇陵修建时期②。

200多例人骨经过考古学鉴定，墓主死亡年龄主要集中在36岁~59岁。男女两性的死亡率在壮年期和老年期的比例不均衡，男性在壮年期的死亡率明显大于女性。秦始皇享年49岁，属于壮年期，没能比普通百姓更高寿。

新丰地区发掘的这批秦人墓葬，墓主平均脑容量接近现代人，男性1501.67毫升，女性1340.86毫升。他们的人种特征与现代东亚蒙古人种类型最为接近，少量与现代南亚蒙古人种类型存在联系，与陕西、山西两地古人有很大的相似性。

---

① 夏楠.临潼新丰秦墓出土的"啬夫"铭文铜器及相关问题 [J].黑龙江史志，2014（21）：68-69.

② 孙伟刚.临潼新丰秦墓研究 [D/OL].西安：西北大学，2009.
邓普迎.陕西临潼新丰镇秦文化墓葬人骨研究 [D/OL].西安：西北大学，2010.

刘邦与新丰

西汉建立后，刘邦封父亲为太上皇，并将其从江苏老家搬到陕西关中生活。刘父锦衣玉食却闷闷不乐，整天思念过去丰县老家那一帮喝酒、斗鸡的老哥们，听不见街头卖大饼的叫卖声，简直度日如年。于是，刘邦在丽邑辖区修建了一座新城，即"新丰"，把老家所有熟人都迁了过来，市井街道一如故地，太上皇乃大悦。

刘邦为父亲建新丰，是真孝顺吗？曾经项羽捉了刘老爹做人质，要挟刘邦说：你不投降，我就烹了你爹。刘邦很淡定，回答道：我与你一同受命于怀王，咱们是兄弟，我爹就是你爹，要烹了咱爹，请你给我分一杯羹。

"始大人常以臣无赖，不能治产业，不如仲力，今某之业所就孰与仲多？"

这是刘邦在未央宫建成时宴请群臣对自己父亲说的话。此时刘邦得意扬扬，坐拥天下，有资格讽刺自己父亲目光短浅。

建新丰，又一次得意扬扬、臭显摆而已。

也许，戏水河畔曾经一度飘荡着醋香吧。

独立为陵，因陵设邑，创意起于秦始皇。移民征调不仅为陵园建设解决了后勤保障问题，也削弱了关东六国的残旧势力，助力了秦帝国统一大业。西汉时期刘邦一看这招挺好，"就这样坚持做下去"！

汉兴，立都长安，徙齐诸田，
楚昭、屈、景及诸功臣家于长陵。
（东汉·班固《汉书·地理志》）

站在高亢的咸阳塬，西汉开国皇帝刘邦环顾正在为自己修建的长陵及陵邑，时不时地向东眺望一眼骊山。公元前195年四月，刘邦因讨伐英布叛乱，被流矢射中，其后病重不起，同年崩，庙号太祖，谥号高皇帝，入葬于长陵。3年之后，公元前192年十一月，原楚国的芈族四氏昭、屈、景、怀等豪族迁入长陵邑，类似秦始皇丽邑的故事还在继续。

故事有两条线，一是陵邑制度在汉陵制度中继续发扬光大，二是秦之丽邑又换了主人。

奇迹的诞生与重构

12

尘埃散尽遇见你

  一点点、一层层清除掉俑坑上的土和木炭，终于离黄土掩埋的兵马俑更近了一层。我们已经有了足够的心理准备，出现在面前的绝对不会是一个气势雄伟的"地下军阵"，更像是一个"灾后现场"，满地的"断肢残臂"、破碎的"头颅"……各种残破的陶片，被泥土"拥抱"着彼此纠缠不清，那场面比最暴怒的主妇摔碎了一地的碗盏还要凌乱。

  没关系，我们"慢慢地"接近它们。除去杂土，俑头出来了，半截胸腔出来了，断腿和双脚出来了；插在窄缝中，踏着软垫单脚站立，一厘米一厘米测出坐标，绘一份分布平面图；到了搬离它们出"坑"的时刻，一大早，肖同学和赵同学架好相机，师傅们也加了餐，两个油泼辣子夹馍下肚，长了力气，"美得① 很"。发掘现场不论是三伏酷热还是三九结冰，都没关系，大伙乐在其中呢。

① 陕西方言中"得"音同"dī"。

陶俑、陶马四分五裂，残片散布互相掺杂，端起一节左臂，马上反应出右臂在哪里见过；摩挲一节手指，马上起身走到 2 米开外，拿起半截断掌，茬口一碰八九不离十。从玉米堆里挑一颗黄豆粒容易，从玉米堆里找出一颗想要的玉米粒不容易，认陶片的功夫让"老杨们"很是牛气了一阵。

年轻队员显然功力尚欠，看着残片在自己身上瞎比画：胳膊？不对，太粗。肩膀？不对，太平整。老杨并不着急指导，冷眼随着无头苍蝇般的"娃们"转圈圈，撇撇嘴，说："别急，看清陶片颜色去

▼ 俯瞰俑坑一角

找。""女老杨"却又朝他撇撇嘴，反驳道："光看颜色也不行，得看陶片里边的道道，外边的纹纹。"

"纹纹""道道"，外人听起这些行话必然一头雾水。"道道"，是陶俑泥胎雕塑完成后在外表打磨的痕迹；"纹纹"，是内壁上手指、草帘、捶具的痕迹。看见别人手里拿着一块残片属于自己负责的陶俑，他们两眼立刻放光，像秃鹰发现猎物死盯着不放，——"这搭儿，这搭儿，拿过来。""梦里寻他千百度，蓦然回首，那人却在灯火阑珊处。"惊喜"嘭"地涌过来，顾不上擦去冻下来的鼻涕。

▼ 陶俑残片初步拼对（左：杨爱荣　右：杨靖毅）

▲ 陶俑清理中

残片基本找齐，按部位摆放一长溜，不用招呼，大家顷刻聚拢在一起，从脚开始逐渐向上"垒接"。体腔好办，里边塞上软垫，外边用宽带子捆绑起到临时固定的作用，陶俑就可以勉强完成站立。胳膊，尤其是半抬的右半部分，十几斤的重量，绑不好"哐啦"一声前功尽弃。

像身处超复杂的刑侦现场，或玩拼图游戏，陶俑残片初拼不仅需要耐心和技术，还需要一点想象力。暂时找不到缺失的碎片，宁肯暂时让它"破着"也绝不能瞎配。从"蓦然回首"到"灯火阑珊"得花费多少时间，一天，数月，多年。1974年一号坑第一次发掘出土陶俑1000余件，现在基本拼齐、完成粘接的不过700余件，有些残片至今都没有找到。要求一件陶俑的残片要达到"找齐"的程度，对谁都不现实。

把一群残俑集结在一起，将残片逐一制作清单，接着便进入除病害、保护颜色、粘接复原工序。那时它们像撤下战场的伤员被精心呵护，修复场所被称为"文物医院"。修复人员说陶俑身上有18种病害，包括起翘、脱落、残缺、裂隙、硬结物、泥土附着物、生物病害、植物病害等，如果不清理干净就会受到进一步腐蚀。

所有出土文物，不论质地，经历了岁月的剥蚀往往都集合了多种病害。去除有害附着物看似简单却仍然不能大意，它是保证修复质量的基础。2020年6月，国家文物局颁布了一批文物保护行业标准，文物修复行业从跟着感觉走到依规操作，已经开始走出国门。

公众非常关注兵马俑的修复，我更知发掘现场初拼过程有多不易，S君说："看着这件陶俑站起来，我的眼泪差点流出来。"

▲ 陶俑残片"垒接"中

　　陶俑残断成了多少块，这个具体数字实际没多大意义。任何一个考古发掘现场都有一些遗物貌似完整却早已"内伤"遍体，一旦移动必然开裂。每一位考古工作者结束田野发掘之后，洗残片、拼残片、粘残片……转入室内整理后经历的折磨和惊喜，自有一番滋味留心头。

考古工作者和文物之间经历着渐行渐远的历程。等到田野发掘和室内整理全部结束，文物进入库房或者成为博物馆展品，我们不得不克服着如孩子家长一般的分离焦虑症。这是一种局外人无法体会的感受，只能在日后的深度解读中慢慢消解，直到有一天突然又开窍，瞧，这件经过粘接修复的陶俑，右臂前屈，做持长柄器物状，左臂自然下垂，左手扭曲，半握拳，拳心向里，小拇指在上，大拇指在下，应该是持旗的动作。尽管发掘至今没有非常明确的战旗痕迹，毫无疑问，战旗一定应该有。现在织物旗帜腐朽无存，那就只能另辟蹊径，从陶俑的手形分析一番也算补上了空缺。

像是送孩子上学的家长，亲手发掘的陶俑被放入展厅陈列之后，总有去看一眼的念头，可偏偏展柜前常年人流不断。比如那尊出土于

▲ 推测为持旗的手势

◄ **坐姿俑**

　　俗称"跪射俑",出土于
二号坑东北部,步兵的一种。
通高 1.2 米左右

二号坑的坐姿俑，被里三层、外三层的观众包围，发掘者不再可能和它独处。

坐姿俑俗称"跪射俑"，它们浑身上下完美无缺，成为观众的"团宠"。有观众说：这类俑的神奇之处就在于它足够矮。很多时候我们总是不服气他人高于自己，总想着要比别人高，可到最后却发现勇于低头的人才是最后赢家。好深刻的心灵鸡汤。

坐姿俑属于步兵的一种，所持兵器有弓弩，捕捉了步兵守阵的瞬间姿态。守阵不是怂，而是蓄势待发。从这个角度阐发出去，秦始皇何尝不是这样的一个人呢？

秦欲攻楚，战前询问需要多少兵力，李信说只要 20 万足矣，王翦说非 60 万人不可。和领导谈条件，秦王自然不悦，心中不爽，直接以轻蔑的语气调侃道：王将军真的老了，胆小了。结果李信战败，王翦佯病躲至老家频阳。明知王翦那点小伎俩，秦王不仅没生气，也没有直接下令召回来，而是驱车行 70 余公里至频阳，登门请求王翦原谅。

"寡人不用将军谋，李信果辱秦军。将军虽病，独忍弃寡人乎！"王翦谢："病不能将。"王曰："已矣，勿复言！"王翦曰："必不得已用臣，非六十万人不可！"王曰："为听将军计耳。"（北宋·司马光《资治通鉴》始皇帝二十二年）

"我错了，我真的错了，没听将军的话，我绝对错了。将军现在虽然病了，但也千万别抛下我不管。"王翦仍然很拽："身体有恙，我去不了。"始皇二十一年至二十三年（前 226~ 前 224 年），正值统一大业的前夜，此时嬴政绝对已经是一只大老虎，依然能做小伏低。请回王翦之后，亲自护送出城，爽快应允了王翦美田宅甚众的请求。

俑坑建筑工程质量一般，很快棚顶塌陷、土木俱下。身高 1.8 米左右的立俑首当其冲，受到严重破坏。坐姿俑通高只有 1.2 米，单膝着地，右膝、右足、左足 3 个支点稳定支撑上体，稳定性强，很容易被坍塌下的土淹没得严严实实。

无心插柳柳成荫，由于"低姿态"，当初俑坑建筑上层简单处理的夯土塌落下来成了"铁罩衫"，隔绝了空气，隔绝了地表水大量的下渗，坐姿俑得以完整保全。兵马俑发掘进入室内整理阶段，如果可以选择，我之大爱也是坐姿俑。只因为这类陶俑残损程度小，无陶片拼对压力，虽然残缺文物和完整文物之间并无研究价值之别。

13

几枚秦人鞋印

向其他人介绍兵马俑时发现，我总会提一些考古复原的微情景，强调考古情境学方法，一说到这方面，就滔滔不绝，乐此不疲。之后，我反诘道：考古发掘和盗墓的区别在哪儿？考古发掘和传统金石学一样吗？

其实金石学与现代考古学之关系，好像炼丹学之于现代化学；采药学之于现代植物学。炼丹采药，自有它们在学术史上的价值；然而决没人说它们就是化学或植物学。[①]（《李济文集》）

李济，中国考古学的创造者，被誉为"中国考古学之父"，其简短的话语将金石学与考古学分列出来。1926年，他发掘了山西夏县西

---

① 李济.李济文集 卷五 [M].上海：上海人民出版社，2006.

阴村新石器时代遗址，拉开了中国考古学的序幕。1928 年至 1937 年，他主持的河南安阳殷墟发掘，直至今日依旧被视为人类文明史上最重大的发掘之一。

传统金石学的研究对象是那些传世的孤立存在的"古物"；近代考古学的研究对象则是那些存在着广泛联系的遗存。说白了，真正意义的考古学与金石学所不同之处，就是一个要"物"，一个要"联系"。考古寻宝的"物"只有两件：客观存在；存在之间的必然联系。

客观存在当然是实情实景，肉眼可见的部分比较容易获得；发现联系并做出基础判断，有点考验发掘者的水平，有一些主观成分；缀合客观之间的联系，完成历史情景再现，主观成分更多，还要结合各种学科的知识，甚至是生活常识。能基本准确地完成历史情景再现，才能称得上一句"那才是高手"。

兵马俑坑考古工作中，应用情境学方法做过很多方面研究，有成有败，就拿几枚秦人鞋印来说说吧。

发现鞋印的资料，先后有 3 次披露。两次分别发现于一号坑陶俑足下所踩的踏板上，一次发现于二号坑东门道路面。

有图有真相，踏板上有秦人鞋印一事千真万确。据一篇文章介绍，编号 T12：G9：08 号陶俑脚下踏板有 2 枚。一前一后，前者长 23 厘米，后者长 18 厘米[①]。以上为客观事实，根据刑侦学和人类体质学知识，身高和脚印大小比例约为 7：1。两个人的身高大约为 1.6 米、1.26 米。

发现客观事实之间的联系，做出基本判断：印痕纹路属于植物编织

---

① 兰德省 . 秦俑鞋印的思考 [J]. 文博，2000（2）：43-44.

草鞋；属两人所留，前者为右脚，后者为左脚；两者分别接近 40 码 ~42 码、35 码 ~36 码；前者约为成年人，后者近似于青年。

前两条联系客观、真实，但折合现代鞋码的错误却有点明显，如果有时间查一下鞋码对照表，就会发现鞋码有欧洲标准鞋码和中国标准鞋码之分，中国标准鞋码也有新版旧版之分，23 厘米脚长对应的最新中国标准鞋码大抵是 36 码或 37 码，何况鞋总是要比脚大一些。至于年龄，从单个的足印很难判断。谁说 17 岁的孩子不能穿 40 码的鞋呢？50 岁的成年人穿 36 码的鞋也正常啊。有的人天生大手大脚。因此，发现客观事实之间的联系环节主观成分多了。

确定客观事实之间的基本联系之后，可以有更多、更深角度的阐发。

对考古发掘的数以千计的秦人遗骨进行体质人类学研究，结果表明，不同地区的秦人男子平均身高约 1.66 米 ~1.69 米，不同地区的秦人女子平均身高为 1.54 米 ~1.63 米。关中地区周秦时期人口的平均身高基本上高于其他地区[1]。靠近大城市，生活条件好，营养好。

> 女子甲为人妻，去亡，得及自出，小未盈六尺，当论不当？已官，当论；未官，不当论。（云梦睡虎地秦简《法律答问》）

这条秦简记录了一个涉及婚姻的案例。女子甲嫁人之后，婚姻生活不尽如人意，逃走了。由于被告人身高不满 6 尺，没达到负法律责

---

① 熊建雪. 关中地区周秦时期人类体质健康状况研究 [D/OL]. 西安：西北大学，2016.

任的标准，法官们争论该不该追究。秦时一尺大约23厘米，不满6尺，连1.4米都不到。类似的身高不足6尺的法律案例，还有一则是盗窃案。一个人偷了一头牛，当年身高不足6尺，过了年长高了，复尺一量，已经到了6尺7寸，被判处城旦。

秦简所规定的刑事责任年龄是指本人违法应负责任的年龄。由于秦国一人犯罪，举家连坐，因此连坐受刑的孩子不受年龄的限制，不过总算有点人性，子未成年，被允许与母亲一并没入官府为奴，称"小隶臣妾"。

　　　隶臣、城旦高不盈六尺五寸，隶妾、舂高不盈六尺二寸，皆为小……（云梦睡虎地秦简《仓律》）

在云梦睡虎地秦简中小隶臣妾直接或间接地出现了8处，身高小于1.5米照例要参加劳动。鞋印长18厘米，身高1.26米，按照正常标准，这枚鞋印有小隶臣妾所留的可能——小小年纪，身躯稚嫩，亲历了一次伟大奇迹的诞生过程。

再阐释，一定要多联系，广角度，相关的考古发现、文献资料一并加入，充实论据即客观事实，从而推演的历史更接近事实，更能说服别人。这位参与陶俑制作的娃娃，如果能幸存下来，坐在西汉文景盛世的骊山下，回想当年所受之苦不禁潸然泪下。哈哈，文学家可以煽情，考古工作者只能"有一份材料说一份话"。

另外一位作者力图通过一枚鞋印推测陶俑的制作时间[1]。文中推理

---

① 赵成文.痕迹考证与秦陵兵马俑之谜[J].文博，1994（5）：95-100+94.

过程缺少必要因素，基本客观事实寥寥近无，直接进行主观构建，跳跃地完成了历史情境再现。他写道：在编号22G—9.8号兵俑的脚踏板表面、两足中间，有当时塑造兵俑的艺人左脚留下的凹陷立体的麻草鞋印，根据麻草印的长宽和重压情况推测，留痕人的身高180厘米、年龄在40岁左右……推断穿草鞋的时节应为夏秋，而不是春冬。

首先，所列陶俑编号（G22—9.8）不对。G是俑坑过洞的缩写，3座俑坑以一号坑过洞数量最多，但只有11条，并不存在G22的编号。多亏有图有真相，才保住了这条客观事实。其次，应该列举客观事实中的联系，比如鞋印尺寸与身高如何换算、重压情况与年龄挂钩的根据、古人春冬不穿草鞋的依据，等等。

缺少了前两步的内容，作者还是完成了最后实现的历史真相复原，认为烧制兵马俑起意于秦始皇临终前，因为秦始皇下葬时间为当年的九十月份，正值秋季。临时起意，如何组织落实并完成了这样一项伟大的项目？难道秦始皇对自己出行途中意外病故有预感？读这样的文章，脑中是不是会有很多问号？

古人对鞋子有很多种分类。履居其一，纺织品制成，有一定的纹饰为綦履；草履称屩（juē），轻便，出行往往着之。又有葛屦，《诗经·魏风·葛屦》中曾有这样的感叹："纠纠葛屦，可以履霜？"虽然单薄的草鞋踩在满地的寒霜上真冷，但是穷苦人有万种办法可想，而且从古到今草鞋样式很多，红军翻雪山时所穿的那种只是其中之一。总之，鞋印是鞋底的痕迹，代表不了鞋的形状和底部之外的用料。

秦直道

秦始皇令蒙恬修建的沟通秦林光宫（现咸阳淳化县）和九原郡（现包头附近）的交通路线，全长736公里，修建于公元前212年，历时两年半完成。秦直道的修建既有军事作用，又有民用交通功能，还有利于北边地方盐产内运效能的提升。

始皇欲游天下，道九原，直抵甘泉，乃使蒙恬通道，自九原抵甘泉，堑山堙谷，千八百里。（西汉·司马迁《史记·蒙恬列传》）

鲁迅先生说：世上本没有路，走的人多了便成了路。这句名言对秦代道路却不适用。秦始皇三十五年（前212年）修建了中国乃至世界的第一条"高速公路"——秦直道。这是

▲ 秦直道遗址陕西黄陵至富县段

中国古代唯一的沿山脊或高地选线的国家级交通大道，线性顺直、弯道很大、规格很高。

秦直道的修筑方法是"堑山堙谷"。即将山脊最高处的一侧向下挖，降低路面坡度并取平路面，挖取的土填在山谷一侧。这四个字换成今天的交通工程学名词就是"挖方"和"填方"。这是一种最经济实用的方法，目前被全世界山区修路所通用。

路无疑可供行走，于是考古人员在秦直道延安富县桦树沟口段清理出了方向杂乱的脚印。长的 20 厘米 ~25 厘米，可能为成年男女的脚印，较小的长 17 厘米，判断为儿童的脚印。这些脚印清晰可辨，鞋似乎有明显的左右之分。可以想象在一个阴雨连绵的季节，一两个家庭的男女老幼在这里艰难地行走。不久山体滑坡，泥石流倾泻而下掩盖了路面，从而使这些脚印得以保留。

考古学研究的最终目的是"以物见人"，借助发掘所见的"物"，运用情境理论方能见人。我们在单独解读具体事物时，往往略过或者根本没注意到事物之间的情景关系，导致考古成果曲高和寡，学术著作艰深晦涩。有时候注意到事物之间的情景关系却又过度推演，导致考古研究成了玄学。

考古发掘和盗墓的区别在哪儿？考古发掘和传统金石学一样吗？对考古工作者而言，因为最终要以情境为基础复原历史过程，所见之"物"皆为宝。

14

陶俑塑造工具

考古发掘出土的"物"，有时指实物，比如削刀和动物骨骸；有时是肉眼可观的痕迹，比如鞋底印。

看懂兵马俑，先知俑坑非坑，实际是地下建筑，接下来也许还得知道有关陶俑制作的点滴。谁做的？鞋印把其中一位小隶臣妾带到了我们面前，当然他或她只是其中最卑微的一名参与者。兵马俑是如何制作的？很多书籍文章已经详尽地进行过介绍，泥片一层一层叠摞形成体腔、上下肢，模塑结合做出耳朵和手，确定大体造型，精致修饰细部，高温烧制，通体施彩。

语言描述对一般人来说，很难形成概念，制作痕迹清清楚楚，亲眼看见自然明明白白，可是有多少人有考古工作者那种运气，能够与兵马俑零距离接触？大部分制作痕迹在内壁，陶俑经过修复后，断茬被粘接了起来，脱落的耳朵被贴了回去。即使如总统一般的国家贵宾被允许进入坑里，站在陶俑面前，也看不到全部制作过程。

曾经在中央电视台《国家宝藏》第三季，国宝守护人、我昔日队友——兵马俑摄影师赵震说："有一天拍着拍着，我一抬头就看见一尊俑的脸上有指纹，那可是2200多年前制作兵马俑的工匠留下来的指纹啊！当看到那种景象的时候，时间已经消失了，就在同一个位置，他刚刚离开，而我就踩在他的脚印上！"

工匠留下的指纹，击中了赵震的心。他在讲述时竟然激动到哽咽，表示自己拥有全世界最棒的工作，许多观众为他的赤子之心所感动。与2200多年前的工匠站在同一位置，用同样的视角，见证了一尊陶俑跨越千年的时光，时间仿佛不再是不可跨越的天堑。这就是文物的魅力所在。

我们经常在陶俑残片上发现指纹。为了保证小部件粘接牢固、不脱落，陶工们会反复压摁。那双粗糙、灵巧的手，成为塑造陶俑最好使的"工具"。突然我咂摸出一个浅显的道理：秦法肉刑除了死刑之外，黥（脸上刺字，被动文身）、劓（割鼻）、刖（斩足）、宫（割势），没有斩手。统治者真不傻，留下手还可以继续干活。

指纹是一个人终身的标签，残留在陶俑表面的秦人指纹，斗形，箕形，和现代人无异。能不能设计一个很伟大的课题：收集陶工指纹，建立数据库，通过大数据筛查确定具体某人，再结合陶文、陶俑体貌特征等情况，看看到底由他制作的陶俑有多少件？

这是伪命题。8000陶俑由不同小组分别制成；小组内有多位成员；留下指纹的具体人有偶然性；留下指纹的具体手指也有偶然性。

指纹之外，梳篦、植物编织物、小刀、槌杵、支架、毛刷等辅助

▲ **陶俑内壁的指窝**

　　为了使泥胎更加坚固，陶工在泥胎内壁反复摁压，留下指窝

　　痕迹也发现了很多。工欲善其事，必先利其器。不过，塑造兵马俑没用什么高科技的利器。

　　植物编织物包括草帘、草绳。草帘的特征为强经弱纬，苇、蒲是最常见的原料，现在农村的养殖大棚常用。陶俑很多部位有内外两层胎泥，内层外壁裹上草帘像"塑身衣"，起到塑型固胎的效果，保持厚实的粗胎在阴干的过程中不走样变形。纬线印痕很细，也模糊。经线印痕有粗有细，有的单股，有的是多股合成。这些痕迹所反映的内容，谈不上手工编织技术方面的价值，但有助于了解当时的自然生态，拉近过去和今天的距离。

蒲、苇有韧性，经常和坚硬的岩石并列被比作对爱情的忠贞不渝。陶俑塑胎过程中，蒲苇草帘包裹在粗胎外面，既保温防寒又限制了变形，产生的一条条沟槽印痕，在考古学中被称为"绳纹"。绳纹印痕更使得粗胎表面起伏不平，加大了最后附加细泥的黏着力，可谓一箭多雕。

　　蒲、苇都是水生草本植物。山光水色，密林芳草，在人为作用破坏不严重的状况下，秦汉植被显现出的原始自然生态出现在大量的汉赋作品中。战国时期的气候比现在温暖得多，到了秦朝和西汉，气候继续温和①，黄河流域的气候条件和现今长江流域、珠江流域多有相似之处。西安地区植被茂盛，源泉灌注，陂池交属，号称"小四川"。这有水池，那有湿地，山谷原隰（xí），正适合蒲草和芦苇的生长，泱茫无垠，一派生机。

　　　始皇为微行咸阳，与武士四人俱，夜出逢盗兰池，见
　　窘，武士击杀盗，关中大索二十日。（西汉·司马迁《史记·秦
　　始皇本纪》）

　　公元前216年冬季的一天，始皇夜出瞎逛，逢盗兰池，随即下令关中地区进行为期20天的治安严打。遇到突发状况瞬间失态，实属一个人的正常生理反应，"窘"字运用得好贴切。2019年冬季，我在咸阳城遗址开展考古调查，意外发现一片黑色淤泥，面积约20万平方

---

① 竺可桢. 中国近五千年来气候变迁的初步研究 // 竺可桢文集[M]. 北京: 科学出版社，1979.

米，和文献记载的兰池地望大体相合。夏正楷先生闻讯来现场调研，他说："黑色淤泥的地质堆积，只有长期静水的环境才能形成，越黑越说明植物茂盛……你瞧，软体水生动物钻来钻去，形成了曲里拐弯的黑泥。"

夏先生是北京大学城市与环境学系的著名教授，他父亲是中国考古前辈夏鼐先生。夏鼐先生是甘肃马家窑文化的命名者。

马家窑文化是新石器时代仰韶文化向西发展的一种地方类型，距今约5700多年，以精美的彩陶文化著称于世。马家窑人以泥条盘筑法做出陶器外形，以毛笔为工具，以黑色为主要基调，在打磨光滑的陶胎上绘出草叶、旋涡、波浪、圆点、平行折线的纹饰，表达着自己对美的追求。许多马家窑文化遗存中，还发现有窑场、陶窑、颜料、研磨颜料的石板以及调色碟等制陶遗迹或遗物。

这是距秦始皇兵马俑3000多年前，在中国大地上发生过的事，这不是中国大地上最早出现的彩绘陶的事。马家窑陶器的泥条盘筑法与秦兵马俑的泥片盘筑法，原理一致，只是揉搓的泥料一窄一宽而已。

对于兵马俑与希腊雕塑是否有关，甚至外国人指导了兵马俑制作的说法，我想应该从两方面来正视：灵感、实现。

一份来自英国伦敦大学的研究结果认为，秦始皇兵马俑的灵感来自古希腊的雕塑艺术，兵马俑的诞生与古代希腊和中国的交往有关。此说引起部分人的愤愤不平，我倒是觉得果真如此，那更应该笑傲风月。

灵感来自他人有何妨？恰恰说明中华民族长期以来即有海纳百川有容乃大的气魄。兵马俑最终以中国传统制陶技术得以实现，青出于

▲ 马家窑文化彩陶器　尖底瓶

▼ 马家窑文化彩陶器　钵

蓝而胜于蓝。有些鸟儿是关不住的，它们的羽翼太光辉了。秦帝国成功吸纳其他文明，将之转变为以自己为中心的文明的元素，表现了它在文明方面巨大的包容性，这是好事。

植物编织物使用于兵马俑制作过程，一方面展示了具体的制作工艺，另一方面也透射出一些植物种类和自然环境状态，还勾画了一幅跨行业协同合作情景。植物编织物的调集，需要各种机构的互动。

禾、刍稾彻（撤）木、荐，辄上石数县廷。勿用，复以荐盖。（云梦睡虎地秦简《田律》）

意思是说苫盖草料、粮食的材料，比如木材、草垫，不能随意改作他用，如数告知县领导，继续用来苫盖。想必在陶俑塑造现场也是一样吧。

陶俑制作还用了小刀之类的工具。顺着刀痕抚摸过去，一股肌肉感、力量感、温度感、活力感涌向指尖。雕塑作品不一定通体光洁，比如罗丹做的雨果像、巴尔扎克像，主要得看作品最后是否有神气。

小刀不会出现在俑坑里，因为这儿不是制作场地。

15

寻找陶俑制作地

庞大的俑群，制作空间包括三个方面：取土场、窑场、彩绘刷涂场，它们都在哪里？这个问题困惑了考古学家们几十年，直至今日仍悬而未解。

烧制陶器肯定需要土料，一般就地取材。按照惯性思维，兵马俑的塑造土源肯定来自附近区域，于是大家各显神通，考古勘探寻找取土坑，中子活化分析测定成分元素筛选土源，和泥烧制复原制作模拟……可谓八仙过海，绞尽脑汁。

勘探结果简单明了，未发现大规模取土痕迹。

中子活化分析测定结果内容丰富，总基调是黏土取自秦始皇陵附近，但陶俑样品有相对独立性[①]。

———————

① 赵维娟．秦始皇陵考古中有关产地问题的核分析技术研究 [D/OL]．郑州：郑州大学，2006．

干脆整点土，和泥复原烧制起来。只有采集自秦代地层的垆土和棕红土经过预制，再配以 20% 左右的沙子，才能达到制作泥坯的标准，烧出来的陶俑才与真实秦俑最为接近。

中国土壤资源丰富、类型繁多。分类标准或按发生类型，计 12 种；或按土质，计 3 种。垆土属于发生类型，黏土属于质地。虽然分类语境不同，检测团队和复原模拟小组所指，从相关报道看基本相同。

春，地气通，可耕坚硬强地黑垆土。（北魏·贾思勰《齐民要术·耕田》）

黑垆土，质地坚硬，春暖花开之际地温上升，黏性会自然回弹一点，赶快下地耕种。地质学的朋友介绍说，这种土颜色深，富含石灰，精华部分会有黏性，母质为黄土，多出现在土壤侵蚀较轻、地形较平坦的黄土高原地区。朋友担心我听不懂跨专业的术语，揉开掰碎，好一番解释。

我听懂了。秦始皇陵以外的区域，制作兵马俑的原料分布广泛。只在秦始皇陵周边打转转，课题路线对不对，我没多寻思。

2019 年夏季，咸阳城考古有了一次绝对堪称奇迹的、破天荒的大发现。这次发现和解决兵马俑制作场地没有直接关系，又有非常重要的间接关系。

"过来，过来，过来，你过来，看这是啥？"野外调查组组长神神秘秘、急急匆匆地，甚至有点偷偷摸摸地一连用了 4 个过来，看起来事很紧急。张开紧攥的手心，他展示了两块小石片。

"呀，石甲片。"石甲片，秦始皇陵石铠甲陪葬坑早有大量出土。我对它们的形状、颜色、大小和制作工艺不陌生。顿时，我的心跳加速，赶忙问："在哪儿？"

随后的两个月，钻探、试掘、比对，在距离秦都咸阳城宫殿遗址500多米处，在齐人高的荒草下，在烈日炎炎的酷热中，我们发现了一处面积数千平方米的石铠甲制作遗存。石片的原料、规格、形状、制作工艺、编缀用途的铜条，和秦始皇陵石铠甲一模一样。

谨慎地说，秦都咸阳城遗址发现的石铠甲制作地的产品，目前唯一可能的流向只有秦始皇陵。1998年石铠甲陪葬坑被发现，2001年陵

▲ **石甲胄制作遗址发掘现场**

发现磨制石片留下的石末、石渣、操作台以及串联石片的金属条，构成了甲胄制作的完整工序链

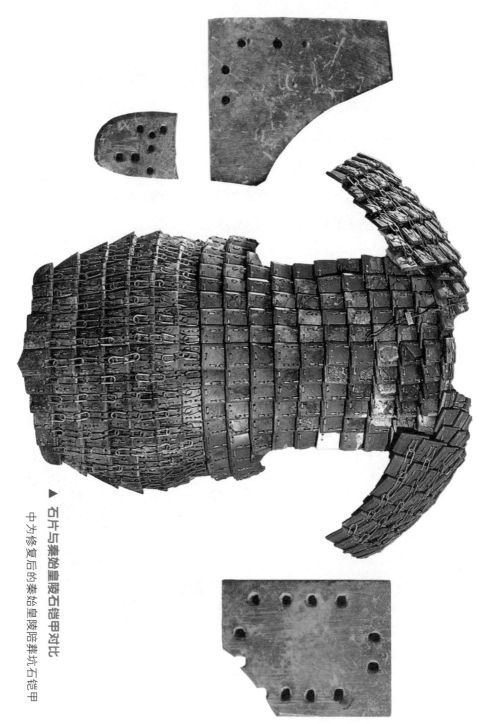

▲ 石片与秦始皇陵石铠甲对比 中为修复后的秦始皇陵陪葬坑石铠甲

园北部约 4.5 千米处首次明确了石铠甲的生产地。20 年之后，类似的遗存在距其 40 千米之外的地方再次被发现，而且距离秦代宫殿只有几百米。

消息一出立刻上了新闻热搜。好嗨哟，人生好像达到了巅峰。有石铠甲多地制作的事实，兵马俑制作存在相同的情况恐怕就极有可能。离开熟悉的兵马俑考古，我曾经抱憾，何曾想过那些陷入僵局的问题毫无征兆地在咸阳城遗址冒出希望的小火苗。

陶俑制作难道一定会就地取材、就近烧制吗？有了石铠甲新加工地的发现，惯性思维受到了冲击。秦始皇陵地区的垆土，属黑垆土亚型。这种土质在中国断续分布长约 1500 千米，在甘肃庆阳地区的董志塬、陕西延安市的洛川塬更有集中分布，面积很广泛。

　　　　是故坚土人刚，弱土人脆，垆土人大，沙土人细。（西汉·刘安《淮南子·地形训》）

秦代关中地区统属内史管辖。内史辖区之北，是以今庆阳为中心的北地郡和以今延安为中心的上郡。一方水土养一方人，黑垆土地上生活的人身材壮大。俑坑陶俑体型健硕，模特来自陶工，古书说得没错。瞧，我捧着新发现的石甲片竟得意忘形，过度演绎了起来。

兵马俑制作场地的第二个问题：窑场。

窑场是一个大空间概念。烧制陶俑之前，燃料堆放、和泥、醒泥、塑胎以及阴干，每个环节都需要宽敞的空间，生产区之外，生活区得有，再简易的大通铺窝棚至少也得有几个。

这又是惯性思维。如果土源可以放大地域，窑场为何不能分散呢？虽然中子活化分析者认为兵马俑烧制原料取自周边，但也得出了3座兵马俑样品之间有相对的独立性，所用黏土不完全相同的结论。还明确说三号坑兵马俑的黏土产地比较集中，一号坑、二号坑兵马俑黏土产地较分散，一号坑、二号坑兵马俑数量庞大，不可能在同一个地方、同一个窑址烧制。

土样成分测试标本均采自秦始皇陵周边，唯——例位置稍远的来自铜川地区耀州窑瓷片。瓷与俑本来胎质就不同，我不明白成分对比有没有意义。我很好奇内史辖区的其他地区、上郡、北地郡和秦始皇陵周边土质差别有多大。

我们不应该排除部分陶俑就地烧制的可能性，毕竟秦始皇陵及周边至少有3处秦、汉时期的窑址分布，同时我们也不应该被惯性思维束缚。像石铠甲又一处加工地被发现一样，说不定某一天在某个地方，几块陶俑泥胎碎片和烧制变形的陶俑躯干，冷不丁地就冒了出来。

秦都咸阳城遗址核心区所在地，今名窑店镇，确实有很多秦汉时期的陶窑。宫殿区西侧有陶窑数十座，成排分布，主要为宫殿建设提供砖瓦，似乎和陶俑烧制没啥关系。临近渭河滩地有另外一处文物保护区，因陶窑分布更密集被称为"制陶作坊区"，产品主要是日用陶器，2017年出土过烧制变形的明器，似乎也和陶俑烧制没啥关系。

"似乎"！考古发现永远不可预知，只能根据所见说有什么，不能轻易断言没什么。2000多年来水土流失、渭河北移，历史淹没的秘密正是考古探索的诱惑力。

秦咸阳城里制作兵马俑的可能性有多大？也许西汉长安城的考古发现像一盏指示灯。

秦宫汉葺。通过对秦都咸阳城宫殿区的改建、扩建，西汉时期刘邦定都长安城。长安城的西北角有东市和西市，是手工作坊区和市场区。考古工作者在西市遗址先后发现过帝陵陪葬陶俑和烧制陶俑的陶窑。

1990年发现的21座陶窑，入选当年"全国十大考古新发现"。这批窑址的时代上限不会超

全国十大考古新发现

始于1990年，是中国国家文物局委托中国文物报社和中国考古学会，在全中国范围内评选出本年度10项考古成果，被誉为中国考古界的"奥斯卡奖"。

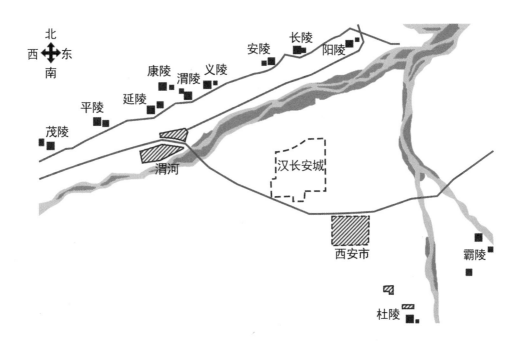

▲ 西汉11座帝陵分布图

过景帝末年或武帝初年，下限不晚于西汉末年，生产活动统一管理，属于官窑，其中两座窑室内尚摆满裸体陶俑泥坯。估算下来，小窑装俑坯350个以上，大窑装俑坯450个左右，21座窑一批可烧制裸体陶俑约8638个。

所见陶俑坯与裸体陶俑成品，与汉宣帝杜陵陪葬坑裸体陶俑酷似[1]。宣帝杜陵在长安城东北，与陶窑发现地直线距离约24千米。

西汉时代帝陵的随葬品由少府所辖的"东园匠"负责生产、提供。这一制度至少可以追溯到秦代，秦始皇陵园出土的陶器上就刻有"东园"二字。

非岁红（功）及毋（无）命书，敢为它器，工师及丞赀各二甲。（云梦睡虎地秦简《秦律杂抄》）

秦律规定没有朝廷命书，本年度生产过程中如果擅自制作其他器物，工师和丞各罚二甲。没命书擅自生产要受罚，反之亦然，给地方下达烧制陶俑的命书，各地执行起来必是责无旁贷。

"极有可能是建造时统一采土、集中存放，再分配给官府的工匠统一制作。各工匠及其团队根据所需生产的陶俑再选择不同的掺和料和制作工艺。"有专家这样猜测。

统一采土、集中存放、再分配，拉来拉去，有点多此一举。骊山徒们可以完成的任务，其他地区的同行照样也可以。

---

① 中国社会科学院考古研究所汉城队.汉长安城窑址发掘报告[J].考古学报，1994（1）：99–129.

采山重殿，赀啬夫一甲，佐一盾；三岁比殿，赀啬夫二甲
而法（废）。（云梦睡虎地秦简《秦律杂抄》）

甄选并获取土料，大体归矿产部门负责。重殿，两次垫底。采矿
被评为下等两次，罚其啬夫一甲，佐一盾；3 年连续被评为下等，罚其
啬夫二甲，并撤职永不叙用。严格的劳动评比制度和产品"命书"模
式下，陶俑制作就近取土，就近烧制，"近"相对于窑场。待成品成
群结队流向陪葬坑，运输压力和路途中各种不可预测的风险似乎成问
题吧？

运石甘泉口，渭水不敢流。千人唱，万人讴，金陵余石
大如堰（ōu）。（晋·张华《甘泉歌》）

为了修建秦始皇陵，大量北山石从百公里之外沿渭河而下，一
时间堵住了川流的河水。公元前 220 年，秦始皇部署了一项重大工
程——修筑包括驰道、驿道在内的全国交通干线，实现以咸阳为中
心，通过一套巨大的扇形网络，向北、东、南三方辐射，将各地郡县
坚实地套牢其中。今天的我们，不用怀疑秦代的交通运输能力。

16

一根刷子毛

　　离开兵马俑发掘工作多年之后，远在秦始皇陵 40 千米之外的秦都咸阳城内，队友们发现了陵园陪葬品的加工点，我才察觉到自己并未真正放下对那份工作的热爱。连续多日跟随调查勘探组钻在荒草中，支棱起耳朵辨别着探铲穿过土层的声音，瞪大眼睛分辨着探铲提取上来的土样特征，心情时而低落，时而高昂。多希望能发现一点和陶俑有关的残片，哪怕有些陶窑烧土和炭灰也好啊。

　　期望越高，失望越大，但永不绝望。咸阳塬沟沟畔畔，勘探至今一无所获，像动物反刍般，陶俑发掘、修复过程中所见的状况时不时就蹦出来，一道曙光照亮期望，我朦朦胧胧意识到天机早已显现，烧制现场不在秦始皇陵周边。

　　现在回过头再想，陶俑烧制现场不在秦始皇陵周边，玄机端倪早已出现，只不过没有被意识到罢了。

2009 年启动一号坑第三次发掘后，3 年里陆续出土了百余件陶俑、8 匹陶马。有的俑腿断了，有的俑后脚跟磕掉了。8 匹马 32 条腿，几乎条条有断茬。陶马四肢承受数百斤躯体的重量，近蹄冠处尤其脆弱，运输过程中容易发生折断。一件陶俑体重 150 千克 ~200 千克，腿部多是实心，若非运输路途较远，这种残断也许可以避免。

工匠们挺聪明，断裂部位用与陶俑同色的物质进行了修补。又围绕断茬包扎一圈麻布，然后按照正常程序涂刷了颜料。修补后仿真效果也不错，即使没有彩绘层的遮盖，外表看起来也还行，不影响观瞻。彩绘遮盖断茬，那断裂一定发生在施彩之前了。

2022 年，国际权威期刊《科技考古》（Archaeometry）公布了一项最新研究成果：秦兵马俑新发现了一种多用途的复合材料。它是由鸡蛋和动物胶组成的蛋白黏合剂。在混合了陶粉后作为无机填充材料，主要用于陶俑身体部件的粘接、修补与抹平。

有一篇硕士论文详细介绍了多用途复合材料的研究过程[①]。研究者使用了各种高端仪器，检测出粘接材料是一种"有机—无机"复合材料，其中无机物为颗粒细腻的陶粉，烧制温度在 850℃以上；有机物为鸡蛋和动物胶混合的胶料。

陶粉 + 鸡蛋 + 动物胶，三种异质、异性、异形的原材料调和出了一种复合新材料，它既能发挥出原成分的优异特点，又能使复合后的材料获得原先各部分都不具有的全新性能。如果是出于对基质性能的考虑，古代的工匠很可能只使用了蛋清液来和动物胶混合，这得消耗

---

① 葛若晨.秦俑表面古代多功能复合材料研究 [D/OL].西安：西北大学，2022.

▲ 兵马俑一号坑第三次发掘现场

多少鸡蛋！为了保证粘接力、流动性、黏弹性、光滑性，还可能只是用了鸡蛋液！

新发现的多用途复合材料，早年间师傅们称为"焊泥"，我觉得更像"接骨膏"。陶片经过粉碎或砸碎等预处理后加胶，按比例配制成膏剂，用时贴摊在断茬（患）处，施以麻布（夹板、纱布）固定，和中药接骨膏多像啊。

科技为考古学研究插上了翅膀。曾经我看陶粉颜色和陶俑一样，猜测其可能是对烧废陶俑的一种再利用，现在谁再敢说考古是连蒙带唬！用仪器检测，以数据说话，配方比例精准到毫克，贴上"药膏"约 7 天起效，结论毋庸置疑。

混合胶料无毒，猪皮冻、驴皮胶、鸡蛋羹，滋养了现代人，也助了秦代陶工一臂之力。复合材料具有多种功能。组装陶俑胳膊和腿，用它；填补陶马肚子下的坑坑洼洼，用它；有一件陶俑脸蛋左右大小不一样，也用到了它。

出窑、出厂、运输、卸货，每个环节都可能出事故，造成陶俑、陶马伤残。搬运工出现在每个环节，汗流浃背；修补工拎着"药箱"，带上统一配制的"药膏"分散在多个地点，妙手回春。

很多年前，兵马俑摄影师赵震在朋友圈分享了一个发掘工作片段：

S 君问："哥，你今天莫感冒么①？"

"么。咋了？"

"那你过来拍照。千万不敢打喷嚏。"

———————————

① 方言，读作 mo，意思是"没"。

我屏住呼吸，瞪大眼睛，哦，陶俑彩绘表面粘着一根红色的刷子毛。

L君用镊子夹起放入密封盒，X君巴巴地追过去："我能试试硬度吗？"

"嘢，比头发丝硬呢！"

这根毛刷丝长 1.6 厘米，尖梢，被颜料浸染得红彤彤的，是陶俑施彩过程中脱落的。烧制陶俑的窑场可以远离俑坑甚至秦始皇陵区。陶俑，至少是这件陶俑，彩绘涂刷现场不应该离俑坑太远，否则这么细小的一丝刷毛应该在搬运过程中早就掉了。

翻看这条朋友圈，我想起了一次争执。修复人员坚定地认为移交到他们手里的陶俑胳膊拿错了，反复质询，颇不耐烦。的确，这件陶俑的一条胳膊上下两段，陶体颜色截然不同，制胎留下的刮削痕迹不贯通，断裂的茬口不吻合，明显分属不同个体。也的确，它们就是一条胳膊，发掘现场原始信息记录得清楚明白。

面对质疑，发掘人员气鼓鼓地反驳。移交之前我们已经非常认真地做好了工作，头脑自动设定为"OK"，你现在告诉我"不 OK"，和我们之前的认知不一致了，我们肯定表示反对。两组人员分属不同部门，相互又不具备权威性，谁都不愿意服软认错，于是各自陷于心理防御机制的旋涡。

一条胳膊分属不同个体，看似不合理的现象，其实非常合理。攒，拼凑，废物利用。我称这种现象为"异体移植"。

在陶俑入列军阵之前，彩绘实施属最后一道工序。美化装饰、反映真实秦军面貌之外，施彩工艺似乎附加出另一层功能：遮丑，补救不足。这是质量保底的最后行动，有点像现代医学的微雕整容。大程度的修修补补采用返厂解决的方式更合适。异体移植，生搬硬套勉强攒起来，这个环节在烧制场区来完成较为合理，运到施彩现场的陶俑可能已经完成了组装。

陶俑、陶马形体巨大，运输过程中难免出点意外，磕碰断裂实属正常。但过分的是，有些伤残也忒狠了些。有一件陶俑右脚踝"粉碎性骨折"，残碎的小陶片如核桃大，腿面裂缝竟宽1厘米有余；体腔也有一条裂缝，最宽处达0.4厘米，从两腿分裆处贯通至后背。"接骨膏"涂涂抹抹，麻布左缠右绕，简直就像一位重伤员。最关键的是，"接骨膏"里起粘合作用的鸡蛋和动物胶，主要成分是有机蛋白质，时间久了必然失效。在发掘人员眼前的陶俑实际就是一堆碎片而已。

这种现象不禁让人产生疑问：到底咋回事？糊弄？蒙事？

> 物勒工名，以考其诚，功有不当，必行其罪，以穷其情。（《礼记·月令》）

从古到今所有人达成一个共识：秦代手工业管理严苛，实行了责任到人的"物勒工名"制度。对于"必行其罪"，我的第一反应大概是这样的场景：在干活的时候，每位手工业者都战战兢兢，唯恐出现半点差池。一旦产品质量出现问题，必遭"笞"，官吏挥舞皮鞭"啪啪啪"一顿抽打。

> 刻工姓名于其器，以察其信，知其不功致……功不当

者，取材美而器不坚也。（《礼记·月令》）

制作者把自己的名字刻在产品上，是为了领导监管你，了解你是不是用心。不用心干活，糟蹋了好材料，成品不结实。"以考其诚"之"诚"所指是实心实意，不弄虚作假。器物勒名针对的不仅仅是那些卑微的最底层劳动者，更包括督造者和主造者，如果出了问题，直接责任，连带责任，一竿子打下来谁都脱不了干系。

陶俑生产属于制陶手工业系统，按理依从"物勒工名"制度。也确实，俑坑中发现了涉及100余位工匠者名字的陶文，或刻或印，留下了考核依据，然而仍旧出现质量管理制度和现实情况两层皮的现象。

度攻（功）必令司空与匠度之，毋独令匠，其不审，以律论度者，而以其实为繇（徭）徒计。（云梦睡虎地秦简《徭律》）

质量最终由联合调查组进行查验，欺上瞒下、侥幸放水谈何容易？现实情况摆在面前，对兵马俑产品质量的验收，有人而且是一大群人采取了睁一只眼闭一只眼的妥协。

兵马俑代表了秦代手工业制作的水平，今天给予它至高的荣誉。而对秦始皇来说，兵马俑充其量就是一群兵，还是一群模拟地上世界的冥兵。这事落实到质量管理上，认真你就输了。

面对现实，秦始皇应允道："整体看起来不错，就这么着吧。"

17

是妥协还是务实

"整体看起来不错，就这么着吧。"这事可能真不是凭空杜撰，一群人在为皇帝制作陶俑的过程中，群体性地采取了如此态度。

秦始皇即位的 37 年之中，非常重要的一个议程往往被大家忽略了，那就是中央决策制定政务的"廷议"。作为一项非法律规定化的决策过程，秦始皇时代十分"注重大臣的看法"。廷议就是朝廷上大家共同讨论，举手表决。一旦讨论好通过表决，办公厅起草诏令拿给皇帝看，没问题之后制曰"可"，即形成法律效力。

单从"物勒工名"制度这件事来说，以兵马俑所见陶文点赞秦代手工业管理并不科学。作为一种制度，建立者不仅不是秦始皇，甚至也不是秦国。早在公元前 8 世纪至前 7 世纪的春秋中期，齐国重臣国差曾铸造了一件储酒器——甗（dān），肩部有铭文共 10 行 52 字，内容涉及造器时间、督造者、工师、国邦安宁和"子子孙孙永宝用"之

▲ **青铜甑**

台北故宫博物院藏品。督造者国差，出身官宦之家，历齐惠公、齐顷公、齐灵公三代，一直担任齐国的上卿。《左传》载："齐、晋战于鞍，齐国佐陈辞以拒晋师。"

类的吉祥话，开创了产品质量管理的先河。

"子子孙孙永宝用"，商周青铜器铭文的标准套话，以物品经久耐用代表作器者对自己子孙后代的期望和要求，蕴含了人们对不朽观念的认识和理解。通过铸造器物，镌刻铭文，传祖先功德于后世。"永宝用"的目的是最终实现先祖德善、功烈、勋劳、庆赏、声名的不朽。

春秋以来，关于不朽，已经明确标志是"虽久不废"，实质是名之不朽。名之不朽，人一生最高的精神追求。国差铸器对后世质量管理之功，纯属无心插柳柳成荫。

大农、大工、大商谓之三宝。（《六韬·文韬·六守》）

周武王平定商纣之后，姜太公受封营丘地建齐国。太公认为大农、大工、大商是一个国家的"三宝"，要全面发展。手工业管理制度能最早萌芽于此，自然是与这个地区发达的工商业有关。"天下之商贾归齐若流水"，贸易往来涉及朝鲜半岛等海外地区，加强商品质量管理成为客观需要。

追根溯源，手工业管理制度与商业贸易息息相关。青铜瓿见证了中国历史上物勒工名管理制度的萌芽，这种一人之下、万人之上的最高责任人模式也被世代沿袭了下来。经过三晋地区诸侯国的传播，很久很久以后秦国方开始效仿。

物勒工名制度不会起源于秦国。因为秦国是农业大国，重农抑商是基本国策。在社会经济大形势的逼迫下，直到商鞅变法之后，经过惠文王和昭襄王时期的大力推广，到战国晚期物勒工名制度才逐步得到完善。勒名格式从早期相邦（最高督造者）、寺工及丞（主造者）、工（具体制造者）三级，逐渐简化为"寺工（主造者）、工（具体制造者）"两级。无论是制度本身的出现，还是本土的具体实施，秦始皇又一次继承了祖先留下的遗产。

秦始皇自然是希望自己和整个帝国能不朽，但这个希望依托体不在地下王国那些偶人。兵马俑不用于商业贸易，物勒工名制度的落实程度没有也不需要如我们想象的那般彻底。看懂兵马俑的"懂"，表面层次上需要客观评价其雕塑技术的高超，吹捧即捧杀。深层次上需要客观分析当时的文明程度，秦代文明绝对不比现代文明更进步，兵马俑也只能是那个阶段艺术作品的巅峰之作。

在现实生活中，秦政府除了制作管理，还有一些与物品相关的法律规定。

传车、大车轮，葆缮参邪，可殹（也）。韦革、红器相补缮，取不可葆缮者，乃粪之。（云梦睡虎地秦简《金布律》）

车辆维保，轮子歪斜变形能校正就校正，别动辄报废。皮大衣和晚礼服坏了，翻翻看，找一件坏得更严重的同类物，该换领子换领子，该换袖口换袖口。榨干物品最后的使用价值之后才能废弃。

秦法繁苛，关于惜物、惜材也絮絮叨叨般细化管理。物品是缮还是废，国有资产大到国防、农业生产，比如兵器、农具，小到零零碎碎，比如《仓廪律》中苫盖粮仓、草料的草垫子和木材，一一列入法律条文，具体咋样做，错了如何罚，依律可做可罚。

律文规定，每年七月各地处理"公器"销户，已经无法修理的，磨除器物上的标识。金属器作为二次铸造原料，都官向上对接大内，大内接受后折价，工作截止时间至七月底。都官距大内路远，可以直接运交给县，由县收取变卖。处理时如有物品不能拖延时间，要求先卖，应以文书将其情况及时报告内史。所处理物品如无法变卖而可以作薪柴和盖障用的，继续使用，完全没用才可以烧毁（云梦睡虎地秦简《金布律》）。

法律细化到如此程度，想不繁苛都难。秦人重法家，法家思想标志性的行动指南是法必明，令必行。昔日为了营造声势，商鞅在变法前夕举办了一场秀。栎阳城南门外立一根木头，谁能搬到北门就可获取50金。事情太简单，奖金太丰厚，令围观群众感到很古怪，自然会让人产生一种博彩心理，于是有人立刻获得50金重赏。"徙木立信"的行为很无聊，通过无聊的行为告诉大家只要是新法规定，不管多么荒诞不经，提出疑问没有意义，相反，听话去做总有好处。

服从就能获益，取利是人们的普遍心理，如此一来，兑现重金的"信"，只是小信、浮信，是手段而不是目的。如果要达到目的非"信"不可，那就用"信"；如果"信"变成达到目标的障碍，那又会坚决抛弃"信"。除了发展经济和打仗不败，秦国朝堂无他事可讲。

由余原本是春秋时期晋国人，因逃难而入戎地。戎王听说秦穆公贤能，便派由余到秦国考察。秦穆公接见了由余。穆公好奇：任凭我们有那么多的诗、书、礼、乐、法度，为啥局势还总是乱糟糟的？戎夷人没有这些东西，如何治理呀？

由余笑着回答道："此乃中国所以乱也。……夫戎夷不然。上含淳德以遇其下，下怀忠信以事其上，一国之政犹一身之治，不知所以治，此真圣人之治也。"（西汉·司马迁《史记·秦本纪》）

由余一番话打动了穆公，被拜为上卿。由余为穆公出谋划策，帮助秦国攻伐西戎，并国十二，开地千里，称霸西戎，使秦穆公得以位列春秋五霸之一。淳德，淳朴之德，凭感觉、直觉行事，不必自己给自己设置道德障碍从而作茧自缚。一番谈话之后，由余得到重用，说明了秦国统治阶层对由余"不知所以治"而治的观点的认同。任凭条条框框明文规定，具体事具体分析、具体对待，这是秦国的传统。

一面是严苛的有关修修补补的规定，一面是严苛的手工业质量管理规定，两权相较秦始皇团队选择了务实。务实不是妥协，不是放水，和质量管理制度并不矛盾。政策律令的制定本来就是从实际出发，如规定百姓损坏官府器物，要照价赔偿，但为了提高生产力，推广铁制农具，有益于国，无害于人，而导致铁器被损坏，只需呈交书面报告说明情况就可以免责。

陶俑的最终用途是埋于地下，不具有现实使用的作用，只要产品能满足设计上的一般要求，也就"整体上看起来不错"。整体上看起来不错并不是完全不管，陶俑、陶马上发现的大量陶文即是证明。截至目前，3座俑坑共计发现陶文500余件，180余种。一类是编号数字；一类是制作者姓氏。制作者涉及100余人，是负责指挥不同生产小组的工师。我经手一号坑陶文34例，曾安排队友墨印捶拓，然后一笔一画地看。

首先，有代签的现象。同一个姓氏，字体风格各异，走笔特点很少完全一致，显然不是同一个人所写。想想挺正常，单位法人的印章很多时候放置在办公室主任那里，只要领导授权，主任可以代盖。

但是代签不同于伪造。伪造属于犯罪，必须严惩不贷，秦律中有相关的案例。

曾经胡阳少内"赠"接待了一位自称是五大夫冯将军儿子的造访者，他说自己叫"癸"，和仆人一起来南阳种田，想要贷钱二万和粮

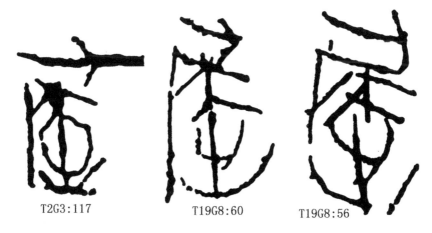

T2G3:117　　　　　　　　T19G8:60　　　　　　T19G8:56

▲ **陶文比较**

　　"屈"字刻于不同陶俑，显然不是同一人所写

食种子，以便在胡阳县种田谋生，并随手呈上一份五大夫冯将军的亲笔私信。"赠"打开一看发现有假，就将"癸"扣押，以"挢（矫）为私书"罪系送官府，以求狱治。

　　一番审讯，"癸"还是继续狡辩。他说："我就是冯将军的儿子。家丈人叫我来南阳种田为生，为便于我来借贷钱和种食，因此给我写了这封私信。我曾经到新野县去种田，很幸运，新野县丞借了钱粮给我，我在那里田作一年，那里的少吏都不敢呵斥我。我出身虽然贫贱，但做事懂得权衡轻重，也能礼让下人。现在你们却怀疑我！治罪于我，我要上诉！"

　　上级再审，"癸"终于交代了犯罪经过。他真名叫"学"，家住新野，和冯将军毫无瓜葛。曾在文吏岗位实习，因此有私印，会写字。家境不好，又被猪油蒙心，于是就诈称自己是五大夫冯毋择的干儿子，并以义父的名义伪造了一封私信实施诈骗，以为胡阳少内能看在五大夫冯将军的面子上贷点钱给他。一旦成功，计划添置点日用品和兵器，从秦国逃亡到楚国去。

学假冒五大夫将军冯毋择之名，并伪造私信，最后得到的制裁是：一被处以耐刑，并罚为隶臣；二以服役的形式赎其耐刑。由于冯将军当时已为卿，凡误称者都要各罚赀一盾，所以数罪并罚。

除了经过授权的代签之外，我们又看到同一件陶俑身上，刻有多个不一样的姓氏。比如有的陶俑踏板刻文"申"，颈部刻文"木"，左臂编号"八十"；有的陶俑踏板刻文"高"，颈部刻文"米"，左臂数字编号"十三口四"。难道小组成员多，设置了正副组长？两组数字又该算入谁的工效？

不知如何解释，我便求袁仲一先生解惑。先生笑了笑，慢慢悠悠地翻开发掘报告，说："这件陶俑有 4 个人名，也不清楚为啥。"先生对"正副组长"不置可否，仅列举了例子。所说陶俑站立在一号坑东南的位置，紧邻观众参观路线。20 年里我应该见过无数次，没想到原来它身上藏着一个小秘密。

18

他们来自五湖四海

说起对陶俑的熟知，没人能比得上袁先生。已经出土的千余件陶俑，他能一一指明出土位置、制作工匠是谁、来自何方。

"咸阳高""栎阳重""临晋菲""安邑口"，四人姓氏刻在同一件陶俑的手腕部。每组前两个字，袁先生认为是陶工的来源地[1]。

> 秦有安邑，则韩、魏必无上党哉，夫取三晋之肠胃与出
> 兵而惧其不反也，孰利？（西汉·刘向《战国策》）

安邑，位于今山西运城市夏县境内，曾为魏国都城200余年，地理位置十分重要。自从占据了这个地方，秦国吞并韩赵魏所在的三晋地区才有了希望。"口"来自安邑，具体姓氏痕迹不清，只能以"口"

---

① 袁仲一.秦陶文新编 [M].北京：文物出版社，2009.

代替。他和秦国统一的大功臣张仪是同乡。当年张仪弃魏至秦，被拜国相，凭借一张巧嘴，游走于各国之间，成功化解合纵攻秦的国际紧张局势，搭建了连横亲秦的良好外交平台，协助秦始皇四世祖惠文王为秦国发展争取了时间。到了秦代，安邑成为河东郡治所和安邑县治所。口是谁的后裔？

临晋，今陕西东部大荔县境内。早在商周时期，大荔为古芮国及同国所在地，春秋时期大荔戎占据此地，一度成为秦国东进的肉中刺。公元前451年，秦厉公拔刺，伐大荔，设临晋县。戎人一般被认为属于半游牧半农业部族，"菲"字义是一种草，200多年过去了，菲是谁的后裔？

栎阳，今陕西西安市阎良区武屯街道，秦国迁都咸阳之前的临时都城，属于秦国东进灭六国的前沿，以此为根据地，秦孝公及后代和三晋诸侯国展开拉锯战。重又是谁的后裔？

在秦末，这4个人因修陵而结缘。他们来自五湖四海，为了一个共同的目标走到了一起。

这种结缘更多地发生在陵区工地。在同一片修陵人墓地里，埋葬了来自山东、江苏、河南、河北的异乡人。其中山东籍10人，江苏籍1人，河南籍2人，河北籍4人。老乡见老乡，两眼泪汪汪，熟悉的乡谣成为世界留给他们的最后一点温暖。

　　始皇初继位，穿治骊山；及并天下，天下徒送诣七十余人，穿三泉，下铜而致椁，宫观百官奇器珍怪徒臧满之。（西汉·司马迁《史记·秦始皇本纪》）

秦始皇陵修建的最早记载见于《史记》。书中记录了工程的开始时间和劳动力组织情况。"穿治"即开凿营建，属于土建工程范畴。徒们遵旨被征调多半从事这部分工作，主要来源于今陕西境内，其余各地所占比例较小。有成语"穿井得人"，其中的"穿"意思就是"挖"。

以《史记》蓝本，东汉以后的相关文献再次提到秦始皇陵修建时，有"凿以章程"用语。"凿"与"穿"同义，"章程"即施工图、规划图。西汉杰出外交家苏武于天汉元年（前100年）奉命以中郎将身份持节出使匈奴，被扣留。匈奴贵族多次威胁利诱，欲使其投降，后将他迁到北海边牧羊，扬言要公羊生子方可释放他回国。苏武这种意志坚定的人也会绝望，绝境中求死，引刀自刺。

众人这样救苏武："驰召医。凿地为坎，置煴火，覆武其上，蹈其背以出血。武气绝，半日复息。"地下挖个坑，把苏武抱上去热敷。类似的急救方法见于甘肃武威东汉墓出土的医简。"凿地为坎"即在地上挖坑。

尽管后代文献将"骊山徒"篡改为"刑徒"，放大了秦代的犯罪率，但"章程"后面的内容依然在说这些人所干的活属于土建部分。制作陶俑的人未必都需要来到骊山。陶俑身上发现的陶文，戳印也好，刻画也罢，都是在陶俑塑造阶段，不足以说明这些工师来过陵园。骊山徒所指是否包括塑造陶俑的工师，值得再想想，毕竟石铠甲陪葬品发现了多地制作的情况。

工师属于专业技术干部，负责对造器材料进行查验、审度、核算，看造器材料的数量和质量是否符合规定和要求，做好造器前的准备工作；参与技术设计，并在造器的过程中对工匠进行技术指导；对工匠进行管理，检查产品质量、数量，保质保量按时完成，另外做好传帮带，对新工匠进行培训。日常工作任务挺多的。

命工师百工审五库之量……百工咸理，监工日号，无悖于时。(战国·吕不韦《吕氏春秋·季春纪》)

当然，我们可以认为"咸阳高""栎阳重""临晋菲""安邑口"四人合作完成了一件陶俑，也可以认为他们之间有分工，设计者、塑造者、技术指导者，甚至是验收者。4人共事于同一个机构，地名代表他们原来的籍贯，而非单纯为了做这件俑被从4个地方抽调而来。

紧接着，这4个人的家乡因战争被穿连于历史。公元前206年八月，项羽、刘邦为争夺政权开始交战，历时4年之久的楚汉战争全面爆发。次年，汉王刘邦派韩信攻打魏豹，汉军自栎阳经临晋东渡入安邑，八月出兵，九月掳魏王，用兵神速，以奇制胜。

我翻看史书，关于这场战事纪年的文字"高祖元年(前206年)""高祖二年(前205年)"跃入眼帘，一时思想抛锚，撇开秦代手工业制作质量管理制度和陶俑残次的矛盾，脑海中浮现出"妥协""变通"

两个词。

公元前221年，秦始皇统一全国，建立大秦帝国，他没有更改纪年方式，续编年代为廿六年。

公元前205年，刘邦本为汉王，项羽封的地方诸侯王而已。西汉王朝建立后，刘邦把这段时间提前到了自己的皇帝编年时间表，为高祖二年。

> 少恩而虎狼心，居约易出人下，得志亦轻食人。（西汉·司马迁《史记·秦始皇本纪》）
>
> 今汉王慢而侮人，骂詈诸侯群臣如骂奴耳，非有上下礼节也，吾不忍复见也。（西汉·司马迁《史记·魏豹彭越列传》）

前一句是尉缭子评价羽翼未丰时的秦王嬴政。此时尉缭子是秦王领导班子成员，位至国尉。

后一句是魏豹评价羽翼未丰时的汉王刘邦。汉王对人傲慢、侮辱、责骂诸侯群臣如同责骂奴仆，一点也没有上下的礼节，真不屑与之为伍。此时魏豹面临汉王的诱降，处于生死抉择之际。

人生一世间，如白驹过隙，何必整那些虚头巴脑的东西呢？娴熟地运用起审时度势的法则，秦始皇闲庭信步地走在帝国大道上。

一件陶俑身上相同位置出现4位工长，让我困惑。那些出现在同一件陶俑不同部位的人，我擅自给他们安排了分工。他们把陶俑这个大型陶器化整为零，分别开始了工作，塑形、阴干、入窑、烧制、出窑。"肢解"出的大部件有踏板、头、躯干和上下肢，再拆分出的小部件有耳朵、胡须、鞋带，一切被安排得明明白白、妥妥当当。待柴火熄灭，千余度高温慢慢散去，零部件出窑，真正意义上的陶俑通过组装才得以展露真容。

化整为零有助于解决很多技术难题。若不如此，泥胎受引力影响变形的问题、窑室空间的高度问题、烧制温度均衡性的问题，入窑、出窑的搬运问题……陷入其境，我想起了表情包"烦死了"。

陶俑有些部件可以互换，这是事实。组装拼合后的陶俑逐一被修饰，但岁月是把杀猪刀，时间带走了复合材料的黏性，陶俑"身首分离"很常见。

给失位的俑头找"主"让我们闹心，抱起一颗俑头，插入这个脖子上也行，插入那个脖子上也挺稳当，稍有不慎有可能张"头"李戴。

19

模块化方式做陶俑

很多人喜欢宜家产品，它让人们发现原来家具可以配型，你可以一次买到很多跟家有关系的物品，然后自己组装，而以往至少要去家具卖场、家纺市场和杂货铺 3 个地方。这种配型就是模块化模式。

身材健硕、总高 1.9 米左右的陶俑，采取分别制作、再组装的生产模式，出现了有些部件可以互换的情况，有点像现在工业化生产的模块化模式。

现代企业模块化模式，做鞋帮的不做鞋底，做鞋底的不做鞋带，分厂之间不发生关系。兵马俑制作劳动组织达不到这种程度，每个分厂都自有一套完整的制作流程，从头至尾负责完成一件产品。在外国学者眼中，这种批量生产模件组装成的产品，从目的和方法上与古希

▲ 龙纹空心砖

腊雕塑不具有可比性，具有鲜明的中国特色①。

　　真人大小的陶俑属于首次研发的新产品，因此没有固定的专业团队。主持陵园建设的总指挥李斯，翻看帝国在册的制陶企业，给中央和地方官署分别下达了"命书"。

　　中央官署机构如宫司空、右司空、将作大匠，各自从现有技术力

①　[德] 雷德侯. 万物——中国艺术中的模件化和规模化生产 [M]. 张总，等，译. 北京：生活·读书·新知三联书店，2012.

量中抽调了尚、禾、出、高、王、中、得、藏、疆、捍、衣等21位工师。这些人为秦都咸阳城和秦始皇陵园烧制砖瓦，掌握制陶技术，早些年他们烧制成功了长达1.3米的大型龙纹砖，有对大型陶器塑形、烧制控温等技术方面的实践。那些砖作为台阶，表面阴刻飞龙，龙体驾云翻滚，气势雄浑，秦国帝王将相们拾级而上，早已对陶工们的艺术才华充满信心。

从李斯的层面下令，只能把任务安排到官署机构这一层面，接下来由工丞开始落实生产组。

右司空的上级单位司空，有驱使刑徒从事制造、营建等行业的生产部门，抑或还有狱政职能，虽然人力资源丰富，但刑徒们半路学技，烧砖还过得去，能承担陶俑制作任务的人手并不多。矬子里边拔将军，"衣"带领团队完成了一部分任务交了差。

宫司空部门拿到的订单数量最多，成为绝对的主力。尤其是"得"小组，在一号坑中，已经发现由他负责制作的陶俑29件，成为当年劳动评比的魁首。"亥欠"小组负责完成的陶俑达27件，以2件之差屈居亚军。

匠是将作大匠的省略，秦时掌治宫室，负责土建工程。这个机构正在大批量烧制陵园、咸阳城、阿房宫、林光宫建设用料，生产线拉得过长。按照惯性思维，砖瓦、陶俑就地取土、就地烧制，官署本部远距离遥控这些外派人员挺不容易。挑来挑去，只有"羟"小组技术过关、人手稍充足，可以完成一些。

林光宫

位于今陕西省淳化县境。自咸阳城走直道可达。汉代改建为甘泉宫，属云阳县境。

任务基本分派下去，李斯还特别关照，要指定一些小组制作完成难度更大、要求更高的陶俑、陶马，真正打造兵马俑雕塑的亮点。

按照塑造形象的不同，陶俑被考古工作者分为高、中、低、更低四级官吏和一般武士。最高级别者，俗称将军俑。它们陶质坚硬，陶色青黑光亮，披着防护性能好、款式美观漂亮的"鱼鳞甲"甲衣。足履的刻画亦不一般，口沿处阴刻一周，以代表包缘的鞋口。无论是从造型、烧造还是施彩，工艺水平都"杠杠的好"，真正堪称古代雕塑艺术的精华作品。

◀ **高级军吏俑**

　　兵马俑一号坑出土。通高196厘米，身着铠甲，戴鹖冠。右手食指翘起，表现出指挥若定的大将风度。目前此类陶俑出土数量共 10 件

马厩

厩，养马的场所。《周礼·夏宫·校人》载："天子十有二闲，马六种。邦国六闲，马四种。""闲"就是养马的马厩。十二闲是指十二个饲养马匹的场所。秦始皇陵马厩坑出土了"中厩""左厩""宫厩""小厩""大厩"5种中央的马厩名称。

截至目前，将军俑只出土了10件，均不见制作者勒名，应该属大工师的作品。他们的制作者地位估计高于制作一般士兵的工师，属于御用角色。

杏、弋、口等三四人被指定去做陶马。接到新的创作任务，他们来到12所中央马厩寻找模特。这些来自河西走廊地区的良马，这匹高高地扬着脖子，两耳竖立随时听着周围的动静，两只大眼睛总是向周围巡视着，像在站岗放哨。还有那匹，两眼闪亮，腰背滚圆，四蹄着地，别看马的蹄子细，可是很有力的哟，若是人不小心被它踢着的话，那可是伤不起呢！那儿还有一匹，长尾巴时而向下垂，时而左摇右晃，一副怡然自得的样子。而那匹长尾巴翘得很高，似乎在夸耀自己。

他们仔细观察真马的形态，才开始和泥、塑胎，最终塑造出了被现在国内外很多雕塑大师称赞为"非常成熟的艺术品"。由于没有驾驶过马车，雕塑师们难免有小失误，马耳之间预留的空间太窄，根本无法容下实用辔具，待到烧制完成发现问题却已经无法补救，只好再生生地挖掉一块"马肉"扩容。

来自中央官署的工师自然技高一筹，所塑造的陶俑体形魁梧、神态端正。这些人做事讲究，拿着印章挑选陶俑身体隐蔽处留下戳印，极少数由人代签刻划。我正想给中央官署人员点赞的时候，袁先生又笑了。一件陶俑的面颊上，赫然印有一个"匠"字，像是给陶俑施了"黥"刑。

给秦始皇制作陪葬品的任务，地方企业自然得分担。于是，咸阳内史统筹辖区陶业工匠，组成不少于23个工作组。目前已经能确认他们独立完成的陶俑数量为67件，参与完成了1件。他们中有一位工师"亲"，还参与了百戏俑的制作。

地方军管理稍欠规范，留下的陶文都是刻划，没有戳印。部位也比较随意，一抬手，想写哪里就写哪里，字迹潦草，字号大大小小，文字排列想上下竖排就上下竖排，想左右横排就左右横排。

还有59人只留下了自己的姓氏，没有所属机构。袁先生以排除法、陶俑制作风格对比法，让他们归队。雕塑水平高的，陶俑气度威武，一副大力士形象，与中央官署有关。车、冉、胥和脾等人，技术水平良莠不齐，有的甚至很差，不知道该属于哪个机构。"脾"一度被今人炒作，非得把这个字厘定成"芈月"，这事闹得挺大，剧作家以此为噱头，给来自楚国的宣太后起名字。

能和兵马俑零距离接触，让我幸运地看到了形态各异、制作水准不一的陶俑细节。它们没有统一的制作模式，没有苛刻的技术要求，

秦代徭戍制度

秦代徭戍有一套严格的制度。每次发徭前计算工程量，即"程功"。"程功"后编制发徭人数和天数的定额，称为"徭员"。发徭时，要对徭徒人员构成、徭徒数以及发徭时间进行调配，以保证徭役的均平，称为"均徭"。经过"均徭"，每人每次行徭都有固定天数，行徭者如果缺徭，则需补足，即"聶徭"。发徭时，以"券"来对徭徒进行征发。在徭券上需登记徭徒的里名、姓名、子女数、行徭的时间和天数等，并对每次行徭或缺徭的信息进行记录。行徭之后，则对实际行徭数进行统计，统计形成的文书即"徭计"。

劳动组织模式和现代化的模块化有很大的差别。模块只限于各小组内部，涉及面小，可互换的部件不多。

> 隶臣有巧可以为工者，勿以为人仆、养。（云梦睡虎地秦简《均工》）

官署机构手工业者包括具有一定自由身份的工匠，有从各地征发来的徭役工，有丧失人身自由的刑徒和官奴婢，而后者所占的数量要大些，秦律专门强调对他们要发挥技术特长，不能当作仆人安排粗重累活。也许正是因有技术特长而被重视、被优待的政策，大部分参加陶俑制作的人精神面貌还不错。主创人员按照自己对作品的理解，充分发挥想象，作品个性更加突出。

> 冗隶妾二人当工一人，更隶妾四人当工一人，小隶臣妾可使者五人当工一人。（云梦睡虎地秦简《工人程》）

关于劳动量的计算标准，秦律有明确的条文。技术不熟练的隶妾二人等于一名工匠，在一定期限内参加生产的更隶妾四人等于一名工匠，未成年的体力弱的小隶妾五人等于一名工匠。鉴于陶俑的特殊性，"物勒工名"制度没有过分强调，从目前能看到的刻文数字看，劳动量考核同样也比较松散。

兵马俑所见数字陶文，基础数字有一至十和百。个位数很好认，"一"就是一横；十位数中间不写十，如"六六"是六十六，"廿廿九"是四十九。"百"字在秦早已通用，却没有出现在兵马俑编号中，而以"十十"为百，应该是陶工自创的随意计数法。

劳动人民才是创造文明的真正英雄。有意思的是，这种计数法与中国珠算和阿拉伯数字的定位法相同，有利于数学的运算。"四""五""十"居多，一百以上的比较少，最大数字四百四十一。如果这些数字代表每个小组的产量，似乎太少了点。

看着陶文，我随口说出自己的疑惑。一旁统计铜镞数量的队友接过话茬，不假思索地说道："我猜他们是以五为单位，就像我这会儿数够五支就写画一个'正'。"这话说得有道理，"正"字笔画刚好五笔。计数方法有很多种，可以依次递增，也可以先以固定数量为一组，再统计组的数量得出总计数量。

看，兵马俑制作真不是标准化，考核也很随意，统计数字这么小的事都自创、随意。说到随意，其依属务实而非妥协，毕竟"不管白猫黑猫，抓住老鼠就是好猫"是亘古不变的真理。

20

兵马俑在陵中属老几

兵马俑建筑不是精品工程。建筑木料未修整就直接使用，粗细不一样，加固用的扒钉简单朴素；铺地砖大小不一，甚至局部使用碎砖拼凑；夯土只顶部硬度较大，隔墙只是生土；陶俑制作存在瑕疵，断裂部位简单粘接，计数方式多样，刻划部位随意……种种事实，指向一致。

由此，我们必须重新审视一系列问题，比如，军队在秦始皇心中的地位、兵马俑在帝王陵园规制中扮演的角色等。

事死如事生，秦始皇死后的"事"，不仅要满足衣、食、住、行一系列生活内容的愿望，更要对秦王朝的中央集权、对皇帝的日常生活进行全方位的模仿。这座地下王国，枝枝叶叶拷贝于现实世界，仅地官所有，依照司马迁所用的"臧满"二字，就令有些后人垂涎三尺。

从现有文物资源分布状况看，秦始皇陵可以分为陵区、陵园和陵墓3个空间层级。陵区是指所有的相关地区，面积总和近60平方千米，其中最密集的区域面积近20平方千米；陵园是指以封土为中心、内外两重城垣地区，面积为2.13平方千米，这是陵区的主要组成部分；陵墓是指封土和地宫部分，面积为0.25平方千米，是真正属于秦始皇本人的部分。

因此，所谓的"秦始皇陵的面积是北京故宫的78倍"这一说法，有点吹牛。如果非要把秦始皇和故宫主人拉到一起PK，最多只是2.13平方千米和0.72平方千米之间的差别。

随着考古工作的开展，陵园内的180多座陪葬坑先后浮出水面。当这些象征秦帝国体制的枝枝叶叶被填在秦始皇陵平面图上之后，占地20多平方千米的园子马上丰富了起来。它们从核心向外扩散，地宫之内各层台阶上、封土内及地宫外封土下、内城之间、陵园之外，4个空间由远及近依次布置，主次分明。

这种依次布置，形成了空间、规模、内涵等方面的差异，反映了它所代表的各个政府机构及设施的等级、功能和其与皇权之间的关系。照旧皇帝也不能任性，新家布置讲究章法。文官武将、出行仪仗、日常娱乐等一系列的内容，以陪葬坑的形式各得其位。文官俑坑、百戏俑坑、石铠甲坑、珍禽异兽坑、马厩坑、铜车马坑、青铜水禽坑，甚至是密集分布的陪葬墓，成为秦帝国中央政权各类机构运行机制真实的、简要的注解。

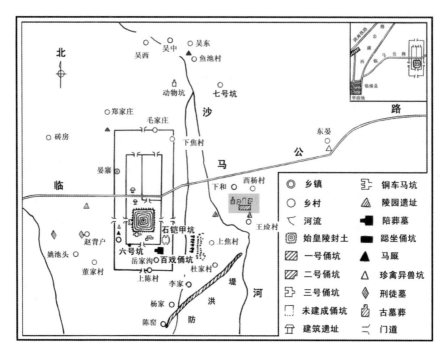

▲ **秦始皇陵园平面图**

　　从人类的同理心出发吧，我想，最爱的东西定是要千方百计留在身边的。兵马俑坑代表的机构，属于陵园外最外层埋藏，远在离主人1695 米之外，距离陵园的外城墙还有 1225 米。即使它再重要，也不属于皇帝的最爱。退一步讲，即使它深受皇帝抬爱，依照礼制规矩也坐不到金字塔的高处，否则廷议会上通不过。秦帝国机构庞大，拷贝到地下世界，兵马俑只能是很小很小的一分子。

　　20 世纪 90 年代之后，秦始皇陵园内的考古成果遍地开花，不断刷新人们的认知。

　　"陵上又出好东西了！"

1999 年，听说在陵园东南部内外城间又发现了一处新陪葬坑，于是大家同去观摩。正式发掘前已经勘探明确，陪葬坑面积有 800 多平方米，内部有 3 条过洞，应该埋藏的还是陶俑。

发掘现场一片繁忙，一个大木箱缓缓地从坑里被吊出。真是幸运，刚发掘到坑顶上的填土，就发现了一件巨大的铜鼎。

"大鼎一定要留在秦陵，为今后陵园的整体保护做准备。"领导们积极斡旋，终于使它成为兵马俑博物馆的又一镇馆之宝。

鼎的寓意

在周代，鼎是一种礼器，表明身份等级。又寓意天下、国运，鼎迁而国丧。故楚庄王欲侵中原先问周鼎，秦、齐亦为争周鼎而反目。

◀ **铜鼎**

秦始皇陵 K9901 陪葬坑出土。高可等腰，经逾一围，重达 212 千克

"铜鼎总重量有 200 多公斤,不仅个头大,花纹还复杂得①很。"S 先生负责给铜鼎实施保护、修复。修复过程中,他用医用棉签一毫米一毫米地沾去泥垢,用牙科微波钻一毫米一毫米地打磨掉铜锈,用肉眼一毫米一毫米地观摩纹饰特征。

中国人信奉"盛世出宝鼎"的传说,鼎代表国泰民安,天下稳固。K9901 出土铜鼎是十足的好兆头,一时间政界轰动,所在的小村也轰动不小。大鼎周身遍布的纹饰,谁看谁赞叹,谁看谁欣喜,但对它的命名却有诸多歧见,蟠螭纹、蟠蛇纹、蟠虺纹,令人无所适从。S 先生开始抓耳挠腮起来。

3 种命名都有"蟠"字。蟠,盘曲、盘结的状态,比如果实扁平的桃子称蟠桃。所以缠绕、盘曲的纹饰才能称为"蟠"。虺,未长成的小蛇,或是类似于蛇的爬行类动物,如蜥蜴等。它与蟠蛇纹的区别在于蛇头不明显。螭,好像是龙,但头顶没有角,又说它好像蝲蝲蛄。总之,蟠虺纹、蟠蛇纹是自然界中存在的动物纹饰,蟠螭纹为自神话中虚幻的动物纹饰。

除了要给纹饰以合适的命名,让他更闹心的是铜鼎表面的伤痕。"鼎的口沿、耳部、腹底、足,总共有 18 处。口沿的一处竟然有一拃多长、两毫米深呢。"

为什么会有伤痕?使用过程中磕碰过?战乱时期被人砍砸过?

国之大事,在祀与戎。鼎是国家祭祀时的重要礼器,也是古人表明身份的重要象征。大鼎无论从形体到纹饰都表明它在当时具有重要地位,但它却没有出现在祭祀礼仪场所——宗庙,而是被发现于陪葬

① 陕西方言,"得"音同"dǐ"。

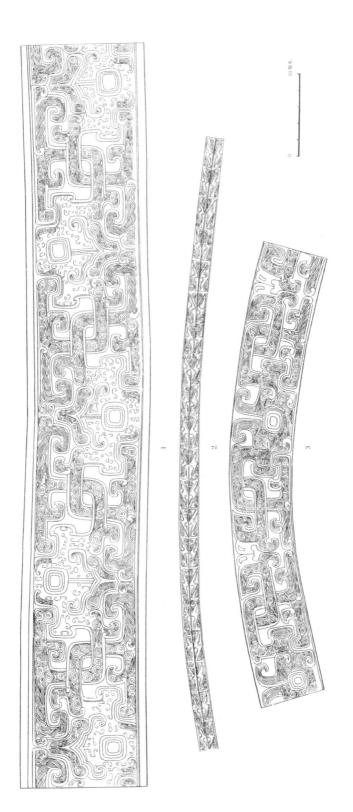

▲ K9901 陪葬坑出土的铜鼎腹部纹饰

1. 上腹纹饰 2. 腹棱纹饰 3. 下腹纹饰

▲ 铜鼎表面的伤痕

坑的上层填土中，是 K9901 陪葬坑的配角。

　　K9901 陪葬坑的主角是一群真人大小、造型奇特的陶俑。它们举止神态各异，滑稽可笑。有的非常健硕，有的很是羸弱。有的像持竿者，有的像角斗士，有的还有"啤酒肚"。有的上身赤裸，赤脚，腰间系着小裙子；有的穿背后开合的罩衣，衣上布满泡钉。总之，属于杂耍的打扮，着装和其他陶俑比起来，很"不正经"，呈现出明显的百戏特色。

百戏起于秦汉曼衍之戏，技后乃有高絙、吞刀、履火、寻橦等也。(《汉文帝纂要》)

K9901 陪葬坑的性质与宫廷杂耍、表演有关，陶俑可能象征着秦代宫廷娱乐活动的文艺工作者——秦始皇的地下"娱乐杂技团"，所以称为"百戏俑"。大鼎是一群文艺工作者的配角，发掘至今都没有发现本应该有的鼎盖，学者们提出这是百戏俑使用的道具，器物造型、纹饰方面具有秦式铜器之外的文化风格。

对大鼎进行的一系列研究，好像戳破了一层窗户纸，通过一件不会说话的文物，让胜利者内心深处的得意浮现于 2000 多年后的今世。鼎属国之重器，有安邦定国的神力。战国晚期他国之物的大鼎被掠至秦国，毁其国，用其器的"用"，必须贬低其价值、践踏其意义才最解气，因此秦始皇时期被当成了杂耍的道具。

此举真可谓"伤害性不大，侮辱性极强"。在攻城略地取得胜利之后，摧毁对手的信仰，继而彰显我方之强大，再多语言都不如此举的效果。

但这好像还不够。

4 号百戏俑与其他同伴上身赤裸不同。他的上衣从后背处开合，衣服主体和两袖上均可见到圆形泡贴敷其上，俑上身涂彩并发现有规律的八角装饰纹。"泡钉"起到的作用如何？是为了装扮成"戏人"故意滑稽搞怪，还是一种特殊的装束？

研究者的视角追溯到陕西、甘肃、北京和辽宁①。在辽宁沈阳市西南郑家洼子，M6512号墓葬年代为春秋晚期至战国早期，人骨腿骨部位发现有数量较多的铜泡，其中胫骨周围出土大铜泡124枚，脚骨上出土小铜泡56枚。铜泡附着于一双长筒皮靴，既酷炫又有保护双腿的作用。

4号俑上身服装镶嵌铜泡的做法，恰好与东周时期的北方民族服饰有某些相似。这种"仿古"穿戴出现在秦代宫廷娱乐场上，出现在秦始皇陵，外夷宾服，四海归一，鼎与俑表演着实时盛景。

秦始皇陵园是一座地下宝库，目前已经发现的180座陪葬坑不论面积、大小都各有含义。大家熟知的两辆青铜车马，出土于秦始皇陵封土的西侧，属于陵园第二层埋藏，更近皇帝所居的地宫。除了"豪"之外，其中讲究也不少。车马系驾、御手挽辔，为秦始皇提供地下出行的需要，它对应地上的太仆。

太仆，九卿之一，掌皇帝的舆马和马政，在诸卿中尤其显要，十足的皇帝亲信，常常可以升擢为三公。秦代有一位掌管养马驾车的小人物夏侯婴，是泗水亭长刘邦的密友，每次因公出差完事后只要经过沛县，都要找刘邦去聊天，而且一聊就是大半天。刘邦建立西汉王朝，把太仆这一肥缺直接给了夏侯婴。凭着多年的人脉和业务实力，夏侯婴在吕后和惠帝时期屡屡连任。

2012年，国家文物局公布第二批禁止出国（境）展览文物名单，秦始皇陵铜马车被列其中。"奇器珍怪满藏之"的秦始皇陵，您说兵马俑属老几？

---

① 豆海锋.秦始皇帝陵K9901陪葬坑新见4号陶俑甲衣渊源考 [J].西北大学学报（哲学社会科学版），2015（1）：16-20.

▲ 泡钉俑

短裙，赤脚，上身罩衣有装饰有泡钉，体型较瘦弱，可能属于团队中技巧型的角色

21

还期本色似从前

兵马俑只是帝国体制下的机构之一，并不影响它自带的"靓点"——五颜六色，真是好看。

陶俑、陶马原本都是通体绘彩。一号坑第三次发掘，陶俑堆积区域的两条过洞空间内，共计清理俑体106件，提取俑足和踏板96件，能完全修复恢复原状的60余件。这种约数，按现在ISO一类的管理体系依然不规范，但又有什么办法呢，散落的俑头或残片一时半会儿确定不了归属，又不能生拉硬拽地拉郎配。

百余件陶俑，数以万计的残片，手术刀下清理出的色彩，耀眼夺目。彩绘犹如画龙点睛，为陶俑增添了神韵，加重了视觉冲击力。看发色，有的漆黑，有的棕褐；看肤色，脸、手、足等暴露部分或粉红，或肉红，或牙白；眼仁虹膜部分不同个体也有暗红、漆黑、淡棕等诸多变化。

朱唇皓齿，嫭（hù）以姱只。（战国·楚·屈原《大招》）

　　屈原笔下的楚地美女唇红齿白，容貌靓丽，实在漂亮。当一丝朱红色出现在手术刀下时，陶俑武士粉面朱唇的容貌告诉我们男人的美丽"这个也可以有"。原本以为 20 年的兵马俑发掘经历，对陶俑彩绘我早已有了相当程度的"免疫"，2009 年 11 月 12 日中午，面对独立率队亲自操刀清理出来的第一尊俑头，我还是被轻而易举地震惊了。

　　自家地里结的果比别人家的甜。端详存有彩绘的俑头，脸庞粉红润泽，朱唇轻抿，壅颈翠绿，哪哪都好。"他"单只大眼睛瞪着我："干吗惊醒我沉睡了 2000 年的美梦？"

　　"确认过眼神，你就是我们要找的人。"我们为"他"揎去蒙尘，手术刀和医用棉签交互使用，努力呼唤"他"醒来看看这个不一样的世界，一刻也不敢停歇。

　　又有一件俑头暴露出来了。

　　"哎，这家伙还画着眼睫毛哩。"摄影师小白眼睛贴着取景框，咋呼起来。

　　四目对视的瞬间，唯有一个字：妙！

　　下眼睑点黛妙，眼白部分透点肉色，与黑瞳仁、黑睫毛搭配，整体效果绝妙。肤色也妙，丰腴的脸蛋涂饰粉白，隐隐地透点红，看到他方知"粉嫩"为何意。妙中之妙的，还有整体塑形的协调。细长上挑的眉有动感，平长下折的胡须有稳势，长须与短鼻呼应，宽额与丰腮相辅，淳朴不木讷，平和含明慧。虽然两眼右大左小略显缺憾，可

▲ 兵马俑一号坑第三次发掘清理出的第一尊彩绘俑头

这世上又有几人貌如潘安呢?

彩绘陶俑的出土让人有点飘了。

四牡孔阜，六辔在手。骐𬴊（qí liú）是中，𬴂（guā）骊
是骖（cān）。《诗经·秦风·小戎》

四匹公马壮又高，手中缰绳攥六条。青马、红马中间驾，黄马、
黑马两边跑。"骐""𬴊""𬴂""骊"4个字都在形容马的毛色。一
位秦国的女子回味着丈夫出征时的壮观场面，耳朵捕捉门外驷马奋蹄
的嘶鸣由远而近，她多么希望马蹄声能在自家的门前戛然而止，丈夫
能建功归来。

清理彩绘陶马，我从"飘"转而"蒙"。手术刀每下落一次，心
就抽搐一下。它们通体施彩，先是以鬃褐色漆为底色，然后再根据五
官、马的躯干、剪鬃、蹄腿分部位涂色，这点做法与陶俑类似，只是
彩绘层稀薄，刀尖沾一点就所剩无几，大片大片的颜料反贴于泥土，
如一匹骏马的倒影。

兵马俑彩绘脱落，这事真不怪考古发掘，先天不足谁又能保它永
生平安? 有机质和矿物质调和的颜料涂抹在陶体表面，两者的黏合又
是依靠有机质的生漆。两种有机质，随着时间的耗损黏性消失殆尽，
早已和陶体分离，纵然我的刀锋不落下去，也不可能原模原样附着于
体。看着这些脱落的彩绘，方知何谓岁月是把杀猪刀。有机质老化的
过程如同人体胶原蛋白的流失，随着年龄的增长，皮肤松弛只是时间
早晚的事。

保下来，一定要竭尽全力保下来。违反自然规律的行为耗费肯定不少，结果也不能奢望达到百分之百保全。兵马俑彩绘层很薄，通常在0.05毫米至0.3毫米之间，考古发掘下手要小心翼翼，手术刀换成了牙签、大头针；文物保护要及时跟进，快点涂药水，快点包裹药棉和保鲜膜，快点送到实验室封护。一时间战地医院生死攸关的紧张气氛弥漫在发掘现场。

来不及，来不及，彩绘残块数量太多，大大小小散放在手边，L女士抿紧双唇，蹙起眉头，手指捏起、垫一片药棉装入密封盒，捧到储藏柜放好。彩绘文物的保护难于上青天，谁能忍心看它凋朱颜呢？

▼ 脱落的陶马绘彩

2023 年春节期间，秦始皇帝陵博物院接待观众 36 万人次，开放 40 多年来，接待游客量也超过 1 亿人次。兵马俑真的好看。

如果彩绘能得以保全，兵马俑还将更好看。彩绘因其本身脆弱，以 20 世纪 70 年代的技术条件，满足公开展示的实物极少，多半"养在深闺人不知"。这和人已经病入膏肓住在了 ICU（重症加强护理病房），家属肯定很难探视同理，如果您真有爱，请像对待医生一样尊重老一辈考古工作者。

他们那个时期胶片贵，影像资料极少，摁一下快门得哆嗦半天。"采购回来几个黑白胶卷都兴奋得不得了，可不敢浪费。"袁先生在 1994 年启动二号坑发掘之前，深有感触地说，"这次一定要不惜一切代价。"先生一贯柔声细语，"一定"两个字却砸出了重音。陶俑真彩难留、大众无法亲眼看见，当数码相机成了标配，我们畅快地拍摄、录像，成为应对这类问题的最后办法。

不过，也许彩绘只是简单层面的"好看"。俗语说画人画虎难画骨，兵马俑好看的关键还是塑形。实现涂彩这一精致技术的难度不大，工匠们付出足够的耐心足矣。

陶工烧造砖瓦、陶器，因制陶经验丰富被安排兼职或调岗。那以生漆为基础，给陶俑、陶马施彩，就由漆器行业派人好了。李斯发出了指令。刷好底漆，陶俑、陶马在画工眼里就是一件大型漆器。他们的技术很牛，经常在盈盈一握的耳杯内壁，勾勒细如铁丝的枝蔓、流畅盘旋的云朵和水涡，手稳得很呢。

22

漆工技艺秀

　　整个秦代社会对漆器的需求非常旺盛，市场上漆器的种类、款式琳琅满目，制作技术也高，堪称是热销的高端礼品。看那把凤形勺，凤昂首展尾，颈首为把，背部挖制成勺，通体再彩绘优美的羽毛，这样的餐具逢年过节摆上漆案，肯定是要招待尊贵的客人。看这样一件薄胎轻巧的漆奁，摆在闺房放梳枇，放脂粉，放首饰，放入他的小礼物，放入了二八女子的小世界[①]。

　　男人们自然也追求美。他贵为豪门士子，少了这件牛马纹漆扁壶，美酒减了滋味吧。扁壶一面绘飞鸟，振翅后以最高速度飞翔的瞬间被"抓拍"了。鸟下绘疾驰的骏马，昂首奋蹄，有飞鸟作衬托，风驰电掣般的速度使我们想起了甘肃武威雷台古墓中的青铜马踏飞燕，此壶却比其早400余年。漆扁壶的另一面绘牛，颈粗大，腹圆鼓，尾

---

① 陈振裕 . 秦代漆器群研究 [J]. 考古学研究，2006（00）：217-262.

▲ 彩绘凤形漆勺

湖北云梦睡虎地出土。高 13.3 厘米。兽首
凤身。木胎，以红、褐色漆绘凤鸟羽毛及兽首的口、
眼、鼻、耳。尾部下有"咸阳市亭"省称的烙印，
说明是咸阳市亭所管辖漆器作坊的产品

下垂；为突出其肥壮，采用红、褐两色将身上的肌肉加以渲染。这是
一头矫健肥壮的牛。牛可是六畜之首、家丁兴旺的代表。

关中地区自然地理环境不利于漆器留存，漆层失水则干裂、起
翘、脱落。地下水源丰沛的江陵地区则恰恰相反。秦墓随葬漆器往往
成堆成组，或漂浮在水里，或浸泡在淤泥中，提取上来依然器型比较
完整，色彩靓丽，图案纹样繁缛。实物多了，知道的人也多了，于是
我们误以为秦国漆器制作业最发达的地区在楚国故地，关中地区偶见
一两件也被说成继承了楚风。

▲ **彩绘云凤纹漆圆奁**

　　湖北云梦睡虎地出土。木胎，卷制。盖外与器外壁均有"大女子小"的针刻文字。出土时奁内置铜镜、木篦各一件

秦国本土当然是漆器制作的发达地区，通过和平贸易或战争掠夺渠道，产品一度扩散到楚地。考古发现了许多漆器底部赫然烙印文字"咸亭""亭""市"，即是证明。这些文字是"咸阳市亭"市场管理机构的省称，属于地方市府作坊的标记。咸阳市亭类似今天工商管理局，带有"咸亭"戳记的漆器即咸阳特产。

漆器作为一种奢侈的生活用品，从客户端考虑，生产渠道首先是皇家工坊，国字号企业，实力和销路硬、棒。此外，个体和地方工坊也都有参与。虽然目前没有发现秦代中央官署机构冠名的漆器，但参照既往历史、其他行业模式，生产依然是民营和官营多种模式共存，官营由地方、皇家所辖。对此有早于秦代的实物可佐证。

比如出土于昭襄王陵的漆豆，刻文"八年相邦薛君造、八年丞相受造"。"薛君"为孟尝君，"八年"即公元前299年。落款涉及相邦、丞相两级，属于国家官署冠名。

再比如出土于长沙楚墓的漆卮，刻文"廿九年，大（太）后詹事丞向、右工帀（师）象、工大人台"。"廿九年"即公元前278年，"太后"是宣太后，来自楚国的芈八子，"詹事"是协掌太后事务的机构。落款属于皇家官署冠名。

工禀槃槃它县，到官试之，饮水，水减二百斗以上，赀工及吏将者各二甲；不盈，二百斗以下到百斗，赀各一甲……（云梦睡虎地秦简《效律》）

相邦与丞相

秦代相邦与丞相是不同的职官，且前者地位高于后者。在最初设置时，丞相是相邦的副职，后来发展为独立的官职。相邦只有一人，而丞相可以设一人，也可设两人。设置时间分别为惠文王前元四年（前334年）和武王二年（前309年）。

▲ 彩绘牛马鸟纹漆扁壶

　　1978 年云梦睡虎地 44 号墓出土。盛水器，木胎，挖制。两腹一面绘雄壮有力的牛，另一面绘并肩前进的奔马和飞鸟

漆器刻文依然属于物勒工名管理制度。勒名涉及四类工种：
"素"——负责制胎坯后打造地仗层处理，要保证器表素地；"包"——
刮灰漆，类似于现代装修工序中的批灰，刮腻子；"上"——髹底漆
和面漆；"告"——质检员签收。成品验收流程是把制作完成的漆器
上缴到县级政府，由质检员向漆器内倒水，静置一会儿，如果水量有
减少，说明吸水率大，一定是漆层密度、厚度有问题，髹漆偷工减料
了，罚！

陶、皮、植物、织物形成的夹纻物，只要表面髹漆便都属于漆
器。除了数千件陶俑可以归为漆器类，那些木质兵器、皮质盾牌、麻
布的弓韬也属于漆器。如此一来，3座兵马俑陪葬坑简直就成了3座
漆器库，那些顽强存留在陶俑、陶马表面的零星漆片和幸存的五颜六
色，成为秦国官方本土能生产漆器而且技术绝对高超的证物。

素、包、上、告4个工种打通了"兵马俑好看"最后的环节。
面对这次订单，他们承受的最大压力只是数量。给陶俑描眉、给陶马

▲ 漆器四类工种烙印

点睛展示绝技的功底，早已在漆勺、漆奁的生产实践中被运用得出神入化。

"这陶胎体表面咋这么粗涩，还沾满了草叶。""素"工组师傅一边轻轻打磨，一边抱怨。爱抱怨的人不一定干活敷衍，往往只是完美主义者。打磨过的陶胎光洁、平整，加上本身的特性，不用刷腻子，就达到了髹底漆的程度。

于是，"包"工组站在旁边做看客。原本在竹胎、木胎漆器制作中，他们负责打底灰，现在用不上了。

"上"工组开始干活。组长调遣着第一梯队的小工，端盆的端盆，刷漆的刷漆，先给陶俑、陶马通体过了一遍漆。这活看着没技术含量，但要做到漆面无刷痕，漆层内粗粒无灰尘却也并不十分容易。多次上漆、磨平、阴房干固之后，第二梯队上场。他们将一排陶罐依次倒入生漆、调和剂、有色矿物粉末，三者混合一通搅拌，配制好各种色漆，细心描绘，尽情涂抹，好看的兵马俑最终呈现在秦始皇面前。

有一个环节令人费解：至今尚未发现任何漆工"勒名"的信息。"勒名"是墨书题记未能保存下来？是考古发掘时疏忽了？我们得真心感恩这些无名英雄。相对于雕塑工因采取了刻或戳印而扬名立万，漆工对秦始皇陵的修建、对中国古代美术史的贡献，默默无闻却功高至伟。

这个"功"不仅仅使兵马俑好看。雕塑上加彩的专业术语称为"妆銮"，加彩提高了雕塑的表现能力。在中国美术史上，塑绘历来不分家，从原始时期的彩陶到近代的雕塑，塑工和绘工相互成就、互相补充，形成了中国美术作品的特质，术语称为"塑形绘质"。

塑形绘质的中国美术特色，从秦俑大家族、汉唐陶俑、敦煌莫高窟唐塑、麦积山石窟宋塑佛教造像、太原晋祠宋塑侍女，到大同下华严寺辽塑菩萨、平遥双林寺明塑和昆明筇竹寺清塑罗汉像等，一气呵成，延绵传承，造就了一种东方趣味。秦始皇要求兵马俑得上彩，观众希望能看到彩绘兵马俑，这种东方趣味和东方审美如影随形地走过了2000多年。

漆园殿，赀啬夫一甲，令、丞及佐各一盾，徒络组各廿给。（云梦睡虎地秦简《秦律杂抄》）

考古研究提倡刨根问底。感念漆工的功高至伟，自然还要刨一下漆液的问题。漆液取自种植园，行业内产量、质量依律要进行评比，落后分子要逐级受到处罚。这道紧箍咒保证了漆器制作最根本的材料——生漆的供给。到了秦始皇时期，人员、技术、材料、国力……万事俱备，弄点髹漆陶俑送去陵园的计划太可行了。

对彩绘兵马俑奇迹的创造再多一点追忆，实际上无名英雄还有生漆采集者们。从矿业部门负责土料，制陶官署完成陶俑、陶马的烧造；从采集生漆到漆工完成最后彩绘，整个国家高至中央官署，低至地方个体户，为了一个人的身后事忙得团团转。所谓"作陵作城皆作怨"，站在旁观者的角度想想，秦帝国确实活该朝不虑夕。

为留住兵马俑的"真彩"，秦始皇帝陵博物院与德国合作，开展秦俑彩绘颜料分析保护合作研究，那些色彩最为丰富的兵马俑与周围的土块一起被移送至现场的实验室，进行更为科学精细的处理。新的色彩保护技术至少能将文物出土时的颜色保存 10 年以上。

"至少能将文物出土时的颜色保存 10 年以上"这句话的意思是：兵马俑真彩永驻是一个无法实现的梦想。所谓成也萧何败也萧何，梦想无法实现的根结在于漆器的材质，有机质老化只能延缓速度，不能逆转。就像秦始皇梦想长生不老一样，都是实现不了的梦想。

说到不现实，我想起另外一件不现实的事。曾经秦二世即位后打算利用资源干点面子工程，询问手下：城墙刷刷漆如何？倡优旃说：很好呀！我正准备提议呢。漆涂城墙虽然消费了百姓的纳税钱，然而它很美呀！漆了的城墙多漂亮呀，城墙很光滑，贼寇来了爬也爬不上来。刷墙很容易做到，可刷完之后城墙需要阴干，最难的便是找不到空间足够的屋子来放置城墙。

漆属奢侈品，可不敢浪费。倡优旃作为一名御用滑稽演员，巧舌如簧又富有正义，他针对二世的漆墙计划正话反说，冷嘲热讽予以规劝。从这段针对不现实的历史对话，我悟出一个道理：原来髹漆上彩后的陶俑、陶马需要阴干的过程和空间。

这个空间在哪儿呢？我猜想现在一号坑展厅南侧是一个备选答案，曾经考古勘探发现，那里有窝棚遗址[1]。

---

① 秦始皇兵马俑博物馆考古队 . 秦代窝棚遗址复探简报 [J]. 秦陵秦俑研究动态，2008（3）：45-47.

23

秦始皇不好色

但凡外国政要来中国访问，大多要去一趟秦始皇陵兵马俑。2015年5月14日，时任印度总理的莫迪抵达西安，他在一号兵马俑坑现场仔细欣赏，频频提问，其中"有没有女俑"一问成为当天热议的话题。

这个问题很有趣。兵马俑的题材来源于秦代军队，秦军常态化兵役制不涉及女性，国家危急关头启动"应急预案"，才发动女子参加战争。俑坑中出土的兵器剑入鞘，戟罩韬，弩有檠，没达到"剑拔弩张"的程度，用不着启动应急预案。看起来"没有"很好解答，但要说清楚"为何没有"，似乎还得费点周折。

戎事不迩女器。（春秋·左丘明《左传·僖公二十二年》）

公元前638年宋公与楚人战于泓，郑国是楚国的同盟国，郑文公于十一月初八日早晨派出花枝招展的夫人芈氏、姜氏，来到柯泽慰劳楚成王。楚成王有点嘚瑟，带着女宾欣赏战利品：一群俘虏、一堆耳朵①。咋样，看我们楚军厉害吧。

夫子们为此忧心忡忡，便发出了"作战期间不能接近女人的用具"这句话。男主外，女主内，女人抛头露面不合于礼，兵戎之事女人更不能介入。谁知第二天事态继续恶化，楚成王进入郑国接受享礼，宾主互换礼物，把酒言欢，这是国与国之间的邦交会晤，会谈、宴请等环节如礼进行，氛围庄重，议程正常。岂料夜幕降临，郑文公夫人文芈氏亲护楚成王返程，同去的还有郑二姬。

预言家断言这真不是好征兆。楚成王这么做，恐怕不得寿终正寝。执行礼节而最后止于男女混杂不合于礼，他怎么能得好死？这件事等于昭告天下：楚成王不能完成霸业。公元前626年，楚成王遭太子商臣（楚穆王）和潘崇逼迫自杀，谥号成王，果然不得善终。

历史教训，礼制传统，是兵马俑中为何没有女俑的答案。可是战争何曾让女人走开过？战国晚期，愈演愈烈的掠夺兼并战争使妇女遭到越来越严重的暴力伤害，伴随着统一战争，秦始皇甚至每破诸侯就要掠夺各国美人钟鼓充实后宫，这事又应该怎么看？

这事属历史时期的全球化常态，性质和那些在战争中为了保全自己而牺牲女人不同。恩格斯在《家庭、私有制和国家的起源》论著中引述希腊《荷马史诗》说，战争中"被俘虏的年轻妇女都成了胜利者的肉欲的牺牲品，军事首领们按照他们的军阶依次选择其中的最美丽

---

① 割掉战死敌人的左耳计数献功，称为"馘（ɡuó）"。

者"。毕竟"美人与战利品是英雄时代恬不知耻地提出来的口号"①。

对一位帝王来说，一生一世一双人的可能性微乎其微，秦始皇的后宫一定是美女如云。对这种状态不能说要予以理解，但也不能为了黑化而给这个人贴上"好色""滥情"的标签。他主导的所有武力战事没有一件与"色"有关。相对于一些诸侯君，嬴政在近女色方面属于节制型，可以八卦一二。

春秋时期，楚文王闻悉息侯夫人息妫漂亮，姿色妖媚，率兵袭杀息侯，灭掉息国，以息妫归，强迫她为妾。陈哀公战郑国败，将国内男女分开排列捆绑，以待奉献。吴国攻入楚国郢都，君居其君之寝，而妻其君之妻；大夫居其大夫之寝，而妻其大夫之妻，按君臣等级强占楚国各级贵妇，以为战利品供己享用。统治者都具有依仗权势渔色纵欲的本性，嬴政尽管未脱俗套却并不太过分。

"美人钟鼓"充实后宫，"美人"和"钟鼓"并称，可见美人只是一种"物件"而已。我们不能以现世道德观贬损秦始皇掠俘美女的行为，也不必高估当时女性的地位，秦律保护的男女婚姻关系，男方掌握主动权，他们可以单方面提出离婚，而如果女方对婚姻不满，仅有私下出逃而又不被捕获一条险路可走。

> "弃妻不书，赀二甲。"其弃妻当论不当？赀二甲。（云梦睡虎地秦简《法律问答》）

---

① ［美］路易斯·亨利·摩尔根.古代社会［M］.杨东莼，马雍，马巨，译.南京：江苏教育出版社，2005.

秦统一天下后，明确了离婚需要官方认可的程序。后人如果喜欢秦始皇，往往会锦上添花，以《法律问答》来证明他对男女婚姻关系的态度，这有点像凭空追加一些美德美政。事实上男子出妻必须上报官府，私自离婚的话不但男方罚钱，被抛弃的女方也要同等受罚。不论是非对错，各打五十大板，着实令人哭笑不得，哪里看得出婚姻平等呢？

后人如果不喜欢秦始皇，往往也惯于层层加码，尽可能多地罗列罪名。在秦始皇陵园内埋着一批死于非命的年轻女子，很多肢体残缺不全。这对应了史书记载的秦始皇死后二世令后宫无子女者全部殉葬一事，世人闻之皆叹息"太惨了""没人性"。这笔血债归于秦始皇，简直是欲加之罪，何患无辞？他已经死了，二世胡作非为，他管不了。

说到二世的"没人性"，似乎也得客观一些。那个时代女人等于物件，将她们置于死地的至亲男人满坑满谷。春秋时期楚国有位无道的灵王，其人好细腰，宫人多饿死。楚灵王已经落魄到走投无路之时，小民申亥愚忠愚孝，把他带回家里当祖宗般供奉起来，忠心耿耿，倾其所有地款待，包括献上两个女儿陪寝，只是因为"先父曾经两次得大王不杀之恩"。后来楚王自杀，申亥竟然不惜以亲生女儿为之殉葬。

女人等同于战利品，即财物，自然无法纳入国家政体。秦始皇陵园是国家建制的浓缩版，截至目前尚未发现一例女俑。百戏俑，男俑；水禽坑，男俑；文官俑坑更不用多说，亦是男俑。

人常说"汉承秦制"，汉代军队中自然依旧没有女兵。但汉陵中却常见女俑，比如西汉刘启的阳陵。阳陵从葬坑发掘有200多件骑马女侍卫陶俑，马为木制，俑头梳盘髻，面容清秀姣美，骑马挎剑英姿飒爽，她们多为年轻女子或者中年妇女。这些骑手并不披着铠甲，不需要在战场上叱咤风云，禁卫军中的女侍卫只是皇后身边最高等级的安保员。

阳陵首先是帝陵，其次是第二任皇后王娡的后陵。后陵需要女侍卫。皇后之尊，与帝齐体，供奉天地，祗承宗庙，母临天下。帝后二者共同构成了中央集权制的顶层结构，是稳定大一统专制政权的重要因素。

秦始皇一统天下，皇帝成了专制政权的核心符号。《汉书·外戚传》中也有"汉兴，因秦之称号，帝母称皇太后，祖母称太皇太后，適称皇后，妾皆称夫人"的记载。中国的皇后制度应该出现于秦始皇时代，但制度确定者自己却没有立过皇后。

这成为一个难解的历史之谜。

有人认为是家庭因素影响了秦始皇。秦始皇的母亲赵姬原是吕不韦的姬妾，秦庄襄王死后，"始皇帝益壮，太后淫不止"，后来太后又与嫪毐私通，并生下两个儿子。按照心理学理论，专家分析认为由怨母而仇视女人的心理阴影，由母亲行为而形成的心理障碍，使秦始皇长大后在婚姻能力上未能健康发展，宫中众多女人仅仅是为满足生理需要。

也有人认为秦始皇是要求过高，无合适的皇后人选，所以才未立后。秦始皇是中国历史上的第一个皇

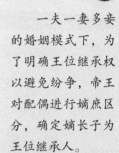

皇后制度

一夫一妻多妾的婚姻模式下，为了明确王位继承权以避免纷争，帝王对配偶进行嫡庶区分，确定嫡长子为王位继承人。

嫡妻不仅仅是帝王的配偶，还是君主制结构中的重要组成部分，主要职责是听天下内治，与帝王的外治相配合。

帝，加之又是他第一次实现了统一六国，秦始皇自命不凡，于是在挑选皇后时标准也非常高，期望能选一个才能与自己匹配的女人为后，但是这样的女人并没出现，秦始皇也就将自己的立后之事无限期地拖延了下来。

另外一部分人认为秦始皇是为求长生而延迟立皇后，但无奈还未立后就一命呜呼。种种说法，不一而足。秦始皇在长达37年的统治时期一直没有立皇后，其中的原因应该是多方面的，但究竟哪种原因起了决定性作用，史料中并未记载，我们今天也只能够凭借当时的点滴资料和想象进行猜测了。

统一天下之后，秦始皇曾述说各位诸侯国的不仁不义，为自己发动战争找理由。他说韩、赵、魏、楚背信弃义，不得不反击灭之；燕王昏乱，不得不给点颜色；至于齐王，也是不义在先，绝秦使，欲为乱。总之，这套说辞里没有"食色，性也"啥事。

秦始皇未立皇后导致的继位危机，给西汉统治者留下深刻的教训，刘邦在定陶称帝后，妻子吕雉成为第一位被正式册封的皇后。

吕雉之所以能够获取"皇后"这一称号，只有一个理由：每个成功男人的背后都站着一个女人。这段婚姻对于吕雉，正如宋人史尧弼所说，"彼其初随高祖，颠越狼狈，艰难劳苦之态，亦备尝其极味矣。故得天下，而为汉家谋虑，亦不可谓不至"。

从嫁给刘邦开始，吕雉陷入狼狈。稍微好过了，刘邦身边又有了年轻貌美的戚姬。"戚姬幸，常从上之关东……吕后年长，常留守，希见上，益疏。"结发夫妻，能共苦却没能同甘。刘邦做了点补偿，立吕雉为皇后，并给她刻了一枚"皇后之玺"。

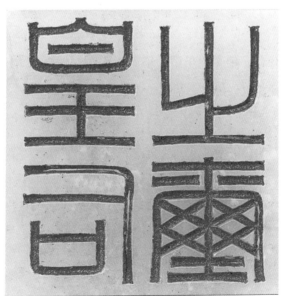

▲ 皇后之玺

　　白玉质，高 2 厘米，边长 2.8 厘米。1968 年发现于今秦汉新城正阳街道狼家沟村。发现者为孔忠良。现收藏于陕西历史博物馆

▲ 孔忠良先生（右一）给小学生们讲述玉玺发现过程

秦统一后，规定"玺"字为皇帝印章的专用称谓，官吏的印章只能称为"印"。"皇后之玺"的"玺"字表明了皇后的崇高地位，虽然比皇帝地位低，但是跟皇帝一样属于"君"。这枚玉玺成为吕后皇后权力的象征，也许她并不稀罕。

1968年，14岁的孔忠良捡到"皇后之玺"，半个多世纪之后，他坐在长陵封土下，和小学生们分享这次意外的邂逅，他说："文物是属于国家的，个人再稀罕也不能私藏起来，交到博物馆让大家都能看到，我很自豪。"

第四章

兵器的神话

24

杀器寒光令人生畏

陶俑虽为泥土烧制，但披挂装备一应俱全，兵器和车马器具配套大量实用器，青铜兵器以铜箭镞数量最多。它们有的被抛撒散落，有的装在编织袋里。编织袋被称为"箙"，每箙大约容纳箭镞100余支，铜绿色镞首齐刷刷地挤在袋子口像刚破土的笋芽。

> 秦无亡矢遗镞之费，而天下诸侯已困矣。（西汉·贾谊《过秦论》）

王朝更迭完成之后，新朝总要思考前代得失，总结历史经验和教训。秦始皇把一手好牌打得稀烂，汉代贾谊分析原因，首先举例说，秦军可以不费一兵一镞，天下诸侯已经窘迫不堪，这从反向说明箭镞是秦军中最常见、最实惠、最具杀伤力的利器。

▲ 箭镞

　　箭镞是弓弩的子弹，棱面尖锐、扎得准、飞得远。弓生于弹，弩生于弓，弹、弓、弩依次是远射程兵器的 1.0 版、2.0 版、3.0 版。古籍《山海经》里有"羿射九日"的神话传说，记载后羿是一位威武的射官，手持红色神弓、白色羽箭助尧帝射落九日。一些汉代画像将后羿的形态绘制成魁梧雄壮、外貌英伟的持弓猛汉，还有一些史书中提到后羿左臂较长，因此射艺过人。

　　后羿左臂较长，因此射艺过人。言下之意，一般人缺乏这个生理优势，那就只能先天不足后天补。于是，对装备进行了升级，给弓增加了持握的木臂，又加上金属部件——弩机，就形成了弩。弩提高了射程和杀伤力，特别适合埋伏偷袭。

▲ 后羿射日画像砖拓片

　　一号坑步兵阵中的一部分陶俑，右臂下垂，右手攥成半钩状，被认定为原本手中提了木弩。认定的根据一是手、臂的造型，二是这些俑的身边有大量腐朽的木弩，即"共生"现象。共生的事物以无声的语言揭示着人、物、事之间的联系，从而为我们复原古代情景提供了可能。因为这些木弩的存在，陶俑又被命名为"弩兵俑"。

▶ 兵马俑一号坑坐姿弩兵俑

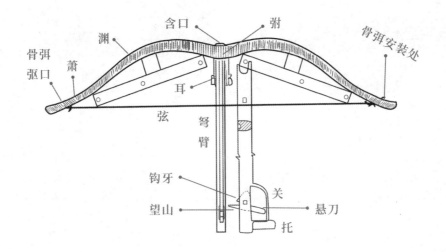

含口　　弣　　骨弭安装处
渊　　骨弭　　骨弭弨口　　萧　　耳　　弦　　弩臂　　钩牙　　望山　　关　　托　　悬刀

▲ 兵马俑一号坑木弩结构示意图

　　弩兵属于步兵类。一件弩兵俑配一箙箭镞。至今俑坑共计出土箭镞约1万枚，大概属于100箙。考古发掘出土文物的数量，经常有"约"之类的代表着"非精准"的字眼作为前缀或者后缀，和"件（组）"之类的计量单位，这是因为统计标准要按照出土情况制定，如果是一包、一堆，就不要为了清点具体数量去拆散。

　　箭镞肉眼看起来外形一模一样，三棱形首，聚刃成锋，很锋利；细长的铤像拖了一条长尾巴；铤后面本来还有一个更长的植物杆，称"笴"；笴的后面还有羽毛，常以巨禽翅膀制成，夹于笴尾两侧，保证箭镞飞行平稳。首与铤接插的地方有时会缠麻丝，作用类似今天我们说的"密封圈"，能使首与铤两部分连接得更牢固。除了2件铁镞、4件铁铤铜镞外，其余均为铜铤、铜镞。规格有大小两种型号。

　　大型又分特大型和稍微大型两亚型。特大型只在二号坑发现过，仅有36支，数量绝少，相当于"飞机中的战斗机"。单支全长41厘米，重约100克，首长4.5厘米，铤长36.5厘米，各重50克。首虽尺寸短，但与铤的重量基本相等，发射出去才能保证平稳飞行，不然头重脚轻会倒栽葱掉下来。

稍大型以前只在二号坑有，后来我在一号坑遇到过一簸，全部总量不到800支。最牛之处是镞首3个弧形面，主面轮廓正投影与现在半自动步枪弹头的截面曲线形状极为相似。研究人员对镞首3个面作

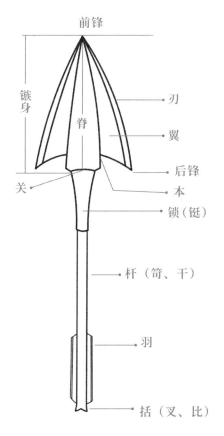

▲ 箭镞部位名称示意图

20 倍放大投影，同一镞各面轮廓基本不重叠，误差在 0.15 毫米以下。

小型铜镞数量最多，铤为圆形或三棱形，单支长度最短 9.1 厘米，最长 19.1 厘米，悬殊差不多 1 倍；首长 2.6 厘米 ~2.8 厘米，关长 0.4 厘米 ~0.6 厘米，铤长 15 厘米 ~16 厘米，个体之间有毫米级的差距。

这些信息反映了什么问题？看似一模一样的箭镞，其实有很多方面的不同。同一箙的箭镞形态特征大致相同，说明铸造的范相同，属于同一生产批次；不同箙的箭镞形态特征不一样，说明铸造的范不同，属于不同批次，甚至来自不同地区、不同工室。箭镞铸造的订单分达之后，工室甚至是其下属工组，你做你的，我做我的，互相无瓜葛。

这又是模块式生产模式。

兵马俑坑出土的箭镞是秦军最普遍的武器，广受今人推崇，以往总是被赞誉成秦代手工业标准化的杰作。然而，当我得到箭镞之间从表象到内涵的差异性结果，难以克制地对权威之说发起"挑战"。当然我们不应该用现代标准与标准化概念衡量秦代手工业的标准化，但至少就标准化本质来说，具有某种约束，约束涉及的深度和广度必须考察。就我所见、所知，这种约束秦代有，约束程度可深可浅，灵活机动，制造者们有很大的自主性。

在很多场合，我刻意地强调过这些箭镞的"不标准化"，有时甚至颇有"诋毁"之词。俑坑所见的铜箭镞，在这个时代太平常了。从公众角度、博物馆展示角度，"量大"是卖点之一。对发掘者来说，"量大"或许意味着枯燥和审美疲劳。

《国语·鲁语》中曾记载了这样一件事情：有怪鸟落在陈侯的庭

院，原来是被楛矢射穿而死的。当陈侯让人问到孔子时，孔子说："这些鸟来自远方，是被肃慎的矢射中的。当年武王克商后，命四方前来进贡，于是肃慎贡楛矢石砮，其长有一尺八寸。先王为了昭示其德政远达四方，称之为'肃慎氏之贡矢'，并铭刻在箭杆上，赏赐给诸侯。"此后，楛矢石砮便经常见于记述东北的历史文献，特别是明、清地志。按字面解释，楛矢，用楛木做杆的箭；石砮，用石头做的箭镞。

东北、内蒙古、宁夏、甘肃、新疆一带，中石器时代有大量形状各异的石镞，其数量、精美程度以及与外域文化的相似性都可圈可点，比如罗布泊地区发现的一类桂叶形细石镞，有时被称为"矛"，外形经打压制成桂树叶子状，表面呈通体鱼鳞状，十分规整精致，竟与欧洲旧石器时代晚期克罗马农人所使用的桂叶形石镞（矛）完全相同。"没有金属工具""完全手工制作"，我脑海里反反复复只有这两句话。

古今一也，人与我同尔。10000年左右的石镞，2000年左右的铜镞，从古到今，在中国，在世界，人类文明持续向前发展。箭头是如此，箭头之外很重要的部分——箭杆——笴也是如此。兵马俑坑中数万支铜镞意味着需要数万支植物笴。自然界中天生笔直、适合做箭杆的木材百里挑一，如何面对大量的社会需求？

檗栝，矫正木材弯曲的器具。汉墓发掘时常见有一种带凹槽的"铜构件"或"铜饰件"，经常与弩机同出，大小也与弩机匹配，即是檗栝

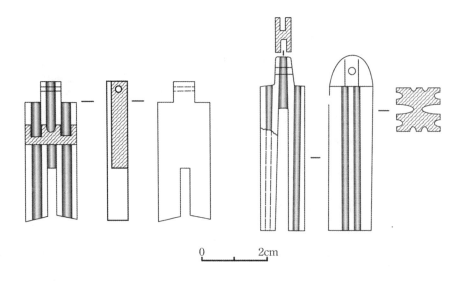

▲ 檠栝

西安地区汉墓出土。铜质，明器，以 1/2 或 1/3 比例缩小。顶端是握手，中部凹槽嵌入箭杆达到校直效果

左：西安西北医疗设备厂 M167 出土　　　　右：陕西省交通学校 M3 出土
（M167:3）　　　　　　　　　　　　　　（M3:30）

明器。这些檠栝造型颇有类似之处，通长 4 厘米 ~5 厘米，均在长方形平面上有一至二道笔直的凹槽，凹槽宽 0.2 厘米 ~0.3 厘米，凹槽的宽度与弩机上箭支放置处的凹槽宽度相近或略小，嵌入可达到整直的效果。

隐约见过汉墓发掘报告记录的这些铜质小玩意，铜构件，铜饰件，名字模糊不清。隐约见过博物馆里的各种史前时代的深槽石器、磨石、砺石、石磨具、沟槽器或有槽磨石，名字五花八门。再学习，看过两篇文章，方才恍然大悟，更加感叹文明如何生生不息、代代相传[①]。

----

① 陈洪，李宇．"檠栝"考论 [J]．考古与文物，2013（1）：52–54.
　　李新伟．我国史前有槽箭杆整直器 [J]．考古，2009（6）：62–71.

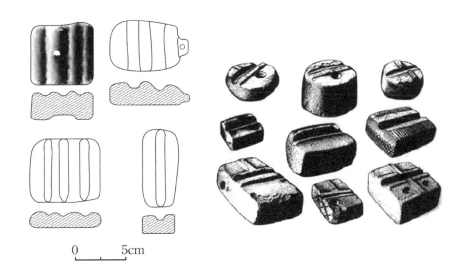

▲ **石质箭杆整直器**

左：中国史前遗址出土　右：美国新墨西哥州皮科斯（Pecos）遗址出土

　　箭杆整直器的分布范围极广，从美洲到欧亚大陆、非洲都有其踪影。我国史前时期的考古遗存中常见的石质箭杆整直器造型较为简单、古朴，而北美印第安人的箭杆整直器造型相对复杂，两者形态相近。相似处是表面都有笔直的凹槽。美国学者考斯纳（A. J. Cosner）曾将考古发现的有槽整直器与民族学记录的方法相结合进行考古研究实验，结果证明如果用苇茎类植物作箭杆材料，有槽整直器是近乎完美的矫直工具。

　　在中国，宋代以后箭杆整直器称为

石质箭杆整直器的使用

　　先将整直器加热到杆料放在上面会冒烟的程度，再将杆料放在水中浸湿放入槽中，上面压住，用手抽动并轻转，杆料就被加工得顺直均匀而光滑，几乎不用任何再加工，便可以直接安装镞和翎了。多槽的用途是，浸水的杆料放入第一个槽抽动后，会使该槽迅速降温，导致矫直效果降低，这时可以将其移入第二个槽。第二槽温度降低后，再移入第三槽。这样可以减少加热整直器的次数。

"箭端"。《天工开物》中曾说到，箭杆用料在南方为竹质，在北方为柳质，北方少数民族则用桦木作箭杆。竹子制的箭杆，由于竹子本身的端直特性，不需要矫正。但木材制作的箭杆干燥后势必变弯，因此箭杆必须加工处理。

在国外，北美印第安人在 19 世纪仍然广泛使用这种工具整直箭杆。他们砍伐箭杆坯料前要对树木精灵进行祭祀，箭杆坯料在加工前，要向上提着末梢在存放箭头处过一遍，使它们彼此"亲密"接触，然后平放。为一般狩猎制箭时，梢端向东或南；为战争制箭时，则梢端向西或北。

兵马俑坑的箭杆原材料是苇茎类植物。不知道箭杆制作时是不是也像印第安人一样充满仪式感。然而，中国古人讲究"物以载道"，万事万物的背后无不蕴含着丰富的自然观。

自直之箭，自圜之木，百世无一，然而世皆乘车射禽者何也？隐栝之道用也。（《韩非子·显学》）

隐栝之道启发了韩非子，由此阐发了一套治国方针。他说，生来就长得笔直的箭竹，生来就长得很圆的树木，一百代也没有一棵，可是世世代代人们都乘坐车子、用箭来射鸟，为什么呢？那是因为采用了矫正曲木的方法。国家的法制不可以丢掉，而所要治理的人也并不只是一个。所以掌握了统治方法的君主，不是去追求少数人偶然的善行，而是要推行能够普遍生效的法治措施。

德治和法治本来并不构成对立，而是应该能够相互补充，各得其所，各自有其自身的意义和价值。兵马俑坑中所见的各种"奇怪"好像就是这样一种状态，既有制度也有变通。因制度形成大同趋一，因变通又有丰富多样性。铜镞成分不一、陶文随性又任意、建筑所用的木材不经过加工，想明白制度和变通、法治与德治，就能释然所有疑惑了。

多民族国家体制下，手工业制造以相对独立、各自统一的模式进行，比一刀切的管理模式更"巴适^①"，这不是现代工业的标准化内容，却再一次体现了创造新文明的这个时代是多么复杂、务实，变通的表象下面是法治和德治的双管齐下。

风筝飞得再远，线绳永远牵在主人手里。此刻想想"专权""独裁""大一统"，也许会是异样的感受。

---

① 巴蜀方言，意为很好、舒适、正宗、地道。

25

强弩中的绝绝子

　　兵马俑坑埋藏的劲弩和箭镞很具杀伤力，但是网传其射程可达 800 米，比苏联第一代突击步枪 AK47 要猛 2 倍，这纯属大忽悠。经过考古实验推测，其射程在 150 米 ~180 米，由于和同时期各地出土的弓弩区别不大，我感觉实在没必要过度宣扬。反倒是 1993 年一号坑发现的 2 件带铜廓弩机，堪称这个时代强弩中的"绝绝子"，值得大书特书一番。

　　弓弩是箭镞的发射器，属于远射程兵器。弩是弓的升级版，二者发射原理相同，都是利用张弓储存能量，然后通过急速收弦把它转化为动能，将箭弹向前方。不同的是弩比弓多了臂，臂中部偏后尾处装机关，即弩机。弩弓的强度很大，只要轻轻扳动弩机，即刻便能发射，诚所谓"四两拨千斤"。西方学者甚至将弩与近代的来福枪机相比，认为是古代冷兵器技术的最杰出成就之一。

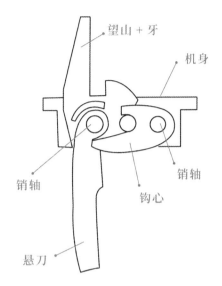

望山＋牙

机身

▶ 秦代弩机结构图

销轴

销轴

钩心

悬刀

　　弩机是一种相当复杂而精巧的机械，有 3 个主要部分：钩、放弓弦的"牙"，作为扳机的"悬刀"，还有用以瞄准的"望山"。如果机件安装于木臂的槽内，受力性较弱，稳定性较差，于是人们又在主要部分之外加了框，从木廓到铜廓屡屡升级，这就是"廓"。机件组装在廓内，再把廓嵌进弩臂的空槽中，从而增大了弩机的承受力，为加强弓弦张力提供基础，张力加强则射程相应增大，而机件固定于廓内，稳定性也能提高不少。

　　中国古代弓弩历史的功劳簿署名为"古人"，秦代的弓弩制作技术只是在此基础上继续发展。发展的具体表现在于"廓"。来源真实可靠、毫无疑问的带铜廓弩机是秦弩，出现于秦代而不是战国晚期。首例实物发现于陕西汉中杨家山秦墓，有 1 件[1]；其后又有秦始皇陵封

① 　何新成 . 汉中杨家山秦墓发掘简报 [J]. 文博，1985（5）：8-12.

土西侧陪葬坑和兵马俑一号坑先后出土了4件。5件弩机的时代一致，集中在秦代末期。在一号兵马俑坑带廓弩机旁伴出有长条形铜片，是箭槽，原嵌于木臂的箭槽内，它能增强箭槽滑润度，提高射程，这又是至今为止考古史上的首见。

一般人也许很少有渠道了解秦代弓弩这个小小的亮点，或许还对我称它们为"绝绝子"不以为然。专业考古资料传播渠道窄，类似"养在深闺人不知"的精彩真不是个例。我所说的"知"，本意首先是知其存在，而后更知其所以存在。让我们走起了解一番吧！

首先，什么人可以使用这样的弩？

物以载道，器以藏礼。天子九鼎八簋，诸侯七鼎六簋，卿大夫五鼎四簋，士三鼎二簋，礼制器物使用有等级规范，兵器也是如此。

兵马俑坑中出土的箭镞已多达4万余枚，规格有大小之分。特大型铜镞共36枚，其中有35枚出土于二号坑战车遗迹处，与车兵、特殊身份的步兵有关。兵马俑一号坑原发掘者朱思红先生提到一件带廓弩机出土于一辆战车和一件高级军吏俑附近，他认为三者之间很可能有着某种内在的联系，设有金属廓的弩在当时有一定的使用条件，"比如在将军俑（高级军吏俑的俗称）的周围才有条件配备这种武器"。

带廓弩机与秦代高等级车辆有共存关系。秦始皇陵西侧陪葬坑因埋藏一组铜车马而闻名于世，其中一号车有开道、警卫之责，配置有银弩軏、大型箭镞和有廓弩机的铜弩。其他木车亦不例外，配置有金当卢、金银络饰管、金银节约、错金银伞杠、错金银带廓弩机等2000余件，个顶个的豪华精美。

两次发掘，两组车马，均出现错金银带廓弩机，由此可见皇帝副车

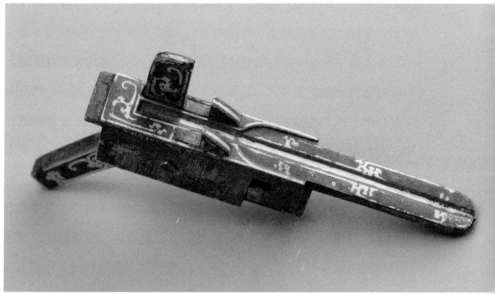

▲ **错金带廓青铜弩机及弩托**

秦始皇陵西侧陪葬坑出土。木质副车配置之一

上：弩机及托　下：弩机俯视，中部凹槽为箭道

上配弩且弩机有廓当为秦代规制，是一号兵马俑坑带廓弩机的升级版。

基于有廓弩机与使用者身份的关系，一位秦代武将——汉中杨家山秦墓主人从历史中走来。

1982年春节，汉中市沙沿乡杨家山村一处建设工地清理了一座秦人墓葬[①]，共出土随葬品27件，其中包括带廓铜弩机1件。汉中地处秦岭以南，春秋战国时属楚，后又归秦，所以此墓所见信息兼有秦、楚"多种文化因素"，比如墓室四壁及底铺积炭，填土是白膏泥与黄土混交的夯土，这些做法多见于湖北、湖南地区的战国楚墓。白膏泥主要成分是二氧化硅、三氧化二铝、三氧化二铁以及钙、镁、钠、钾等氧化物，潮湿时呈青灰色，晒干后呈白色或青灰色，质地细腻，黏性大，分子结构紧密，渗水性小，有很强的防腐效果，对考古工作者不太"友好"，钻探费力，发掘粘手。

墓主随身携带一方玉质私章，印文"赵忠"。私章等于身份证，不仅可以明确墓主的名讳，也可根据印章的材质、形状对身份进行大致的判断，实属对发掘者辛苦工作的"回馈"。所谓雕琢复雕琢，片玉万黄金。赵忠用玉印，具有一定的社会地位，比较有钱。确实有钱，墓内有半两铜钱1246枚。

触类旁通，我们以秦始皇陵的考古发现看赵忠，也许墓葬发掘之外还可以再延伸一些故事。他身体健硕，小腹微挺，眼神坚毅，身穿鱼鳞甲，爵位至少列二十级的中层，比如四级不更，很像一号铜车的御手。

其次，这样的弩该怎么使用？

─────────────

① 何新成．汉中杨家山秦墓发掘简报 [J]．文博，1985（5）：8–12．

弩依张弓的方式可分为臂张、蹶张、腰引 3 种。臂张是靠双臂开弦；蹶张是手足并用张弦；腰引是坐在地上，双脚踏弓干，腰上挂钩，钩弦靠腰和手足之力。这 3 种姿势对一般步兵而言，操练起来易如反掌，对于车兵就有了难度。战车疾驰的过程中没有办法双脚蹋拒。

办法总比困难多，车軨左侧装配一对弩軏就解决了问题。弩軏，模拟人的双足，軏通蹴，即跖，有"践""踏"之意。弩軏钩住弓干，如人双足踏弓，双手拉弦，轻松自由地完成远射。弩軏以往曾被称为"承弓器"，从表面上看是固定弩于车上用以承弓，实际上更重要的作用是张弩。

接下来，我们似乎还可以再问问，这些"绝绝子"为什么会出现

▲ 秦始皇陵铜车上配置的银弩軏

在秦代。如果没有带廓弩机，单纯说秦代弓弩有多厉害，有点一叶障目。越王勾践曾聘名射手陈音教练士卒弓弩，韩国尤以强弓劲弩名闻天下，黯子、少府、时力、距来几种著名的蹶张弩都能远射"六百步以外"，从春秋晚期开始，军队备弩是总趋势。

> 车骑与战者，分以为三，一在于右，一在于左，一在于后，易则多其车，险则多其骑，厄则多其弩。（春秋·齐·孙武《孙子兵法》）

弩适合用于防守和伏击。如果弩兵守城，合理的配比是九尺距离安排一名弩手。如遇复杂地形，打伏击战，弩手数量还得再增加。

战国时期有一场战役名曰"马陵之战"。公元前343年，魏将庞涓攻韩，韩国不敌魏军，向齐国求援，齐国以田忌为主将，孙膑为军师，出兵直扑魏都大梁，庞涓被迫回师救援。庞涓回师途中与其他魏军会合，以太子申为主将，迎击攻入魏境的齐军。面对魏国的援军，齐军示弱撤退，庞涓率军一路追击齐军，最终在马陵陷入齐军弩手的埋伏，"嗖嗖嗖"万箭齐发，一屏银光突闪，箭芒划过天际如狂风骤雨磅礴而下。箭雨拖着长长的箭尾，魏军士兵转眼之间就密密地倒下一片，连惨叫都没发出一声。庞涓自刎，太子申被俘。齐魏两国最终的决战地点马陵，属于地形复杂的土丘地带，利于弩手隐蔽，适合伏击战，齐国干净利索地赢得了胜利。

齐军有大批弩手，敌方魏武卒也有12石的强弩标配，武器装备上双方难分伯仲，所以马陵之战之所以齐国能赢，关键就在于伏击战术，它充分发挥了弩适于伏击的长处。

进入战国时代，烽烟四起，各处擦枪走火，中原农耕民族尤其不得不迎接北方游牧铁骑的凶悍兵锋。步兵弩阵的密集连续射击，能够比较有效地遏制与骑兵的冲突，如果再有城垒依凭，其威力就更大了。总体上农耕民族实施着防守、伏击两种战术，修墙（筑长城）、习练骑射两种战略。

"以夷攻夷""以夷款夷""以夷长技以制夷"，是近代中国"睁眼看世界"的先行者之一魏源所倡导的三大主义，对此梁启超评价说："由今观之，诚幼稚可笑，然其论实支配百年来之人心，直至今日犹未脱离净尽。"礼、乐、射、御、书、数，周朝贵族教育体系中有6种技能，即"通五经贯六艺"的"六艺"。尽管贵族们需要具备射、御的技能，但将射、御的技能广泛用于军事战争是春秋之后的事。弓弩不断出现升级版，正如魏源的三大主义，正如梁启超的点评。

中原各国面对游牧铁骑"以夷攻夷"，骑射水平实现了追赶超越，以秦代为最。秦墓及秦始皇陵出土的3例带廓弩机可证，二号兵马俑坑骑兵军阵可证，孟姜女哭长城的传说可证。这些证据能证明的事实只有一个：秦始皇的时代，六国归一只是第一步，未来如何"守"，可谓任重而道远。

26

兵器真是"真"的

　　兵马俑坑埋葬的兵器有短兵器，即剑、金钩，有长柄兵器，即矛、戈、戟、铍；有远射程兵器，即弓、弩。相对于陶俑，兵器从质量上来说更能体现秦代手工业水平和管理制度，因为它们是"真的"，全部出自武库，而且实战可用。

　　因为是"真的"，有一部分兵器上刻有铭文。行文内容完整的戟，铭文都刻在戈头上，目前发现了6件。纪年最早是秦王政二年，最晚是秦王政十九年，早于秦王政二十六年统一天下——此处敲黑板，这些兵器是秦代之前铸造的旧物！

　　有一件戟，正面刻铭"三年相邦吕不韦造寺工龙丞义工沱（池）"16个字，背面铸铭"寺工"，翻译出来的意思是在秦王政三年（前244年），沱带领小组用寺工部门专用陶范完成了戟的铸造，之后由工丞义向上级龙提交验收报告，直至验收完成，刻工方拿起尖锐工具，"哐

▲ 铜戈

秦始皇陵兵马俑一号坑出土。铭文：三年相邦吕不韦造寺工龙丞义工沱（池）。援微上扬，无中脊，援锋弧形尖削，长胡四穿，内与战国型戈基本相同，三面刃，但内部刻铭较长。属战国晚期至秦末最常见造型

喔喔"，镌下了终身质保证书。"刻铭""铸铭"，考古报告编写用词讲究严谨，一字之别可是涉及当时制作工序的前后。

度攻（功）必令司空与匠度之，毋独令匠。其不审，以律论度者，而以其实为繇（徭）徒计。（云梦睡虎地秦简《徭律》）

刻文与铸文形成时间有间隔，一定是先铸造，再经过审验，最后去刻文。没有审验环节，吕不韦、龙、义，尤其是后两位做了甩手掌

柜将"以律论",名字轻易被刻下来,那是不太可能的。研究者用高倍电子显微镜放大观看铭文,字迹呈断续的点状。刻字过程属于硬碰硬,再加上刻工腕力不同、刻刀刃锋磨损程度不同,自然不如蘸着墨汁在简牍上行云流水般舒畅。

生产依命书,完成需报备,勒名凭授权。刻工与兵器质量好坏没关系,只负责把文字内容落实到兵器上去,甚至本人可能大字不识,照猫画虎去刻就妥了,这个时代的文化学习有身份限制,那些史官家庭的孩子才有资格上学室。

非史子殹(也),毋敢学学室,犯令者有辠(罪)。(云梦睡虎地秦简《内史杂》)

刻工没有资格留下自己的名字,成为不被人知的幕后英雄,统称为"镌"吧。他们让弯、竞、同、成等铸工历史留名,他们真实存在于那个时代、那个兵工厂,每个人有自己的书写习惯。在刻产品序号时,有的人喜欢用纯数字,如三、五、六、十六;有的习惯用干支文字,如丙、卯、酉、午;还有的总是把问题复杂化,天干或地支再缀数字,如丙七、子五、丁十,似乎有点随心所欲、放飞自我。当然,他们也通过金属笔锋把政局的变化如实地"写"了出来。

俑坑里使用的兵器中,与相邦吕不韦有关的刻铭纪年,三年最早,十九年最晚。"九年"之前的铭文格式为"某年相邦吕不韦造寺工某丞某工某"。公元前247年秦庄襄王卒,太子嬴政登基为王,年仅13岁,尊吕不韦为相国,号称"仲父"。"吕不韦"3个字高频率出现，"镌"学到了这3个字的写法，隐约开始为自己的王担心，王啊，您可得快快长大，大权旁落可怎么得了，终于"九年"之后他再也没有刻过相同的字。国家出大事了。

> 九年……四月，上宿雍。己酉，王冠，带剑。长信侯毐作乱而觉，矫王御玺及太后玺以发县卒及卫卒、官骑、戎翟君公、舍人，将欲攻蕲年宫为乱。（西汉·司马迁《史记·秦始皇本纪第六》）

公元前238年四月，秦王返旧都雍城举行执政典礼，太后的相好嫪毐趁机发动"蕲年宫之变"。嫪毐能与太后勾搭成奸，吕不韦是媒人。嫪毐出事，吕不韦自然得担责。受嫪毐集团叛乱牵连，吕不韦于是被罢相，先是被遣出京城，离开咸阳城前往河南封地，进而全家被流放蜀郡。与其坐等水煮青蛙，不如早死早投生，流放途中吕不韦饮鸩自杀，名讳随之消失于"镌"的錾具下，相邦一职也不再承担此类管理责任，兵器刻铭格式简化，只剩下寺工、工两级。

兵马俑坑发现的16件长铍也刻有铭文，最晚纪年是十九年。长铍头外形似剑，后装柲，柲末端有镦。西安市长安区清凉山发掘了549座秦墓[①]，发现有两件"铜铍"，茎上无凸箍，端中空但无法装柲，并不是铍。铍大概起源于西周晚期，兼有剑和矛的形制，一定得安装木柲，这是与剑、匕首之类的短兵器最大的区别。到战国中晚期，伴随着步兵阵

①　西安市文物保护考古研究院，西安市长安博物馆，陕西文物保护专修学院.陕西西安清凉山秦墓发掘简报 [J].考古与文物，2022（4）：16-38.

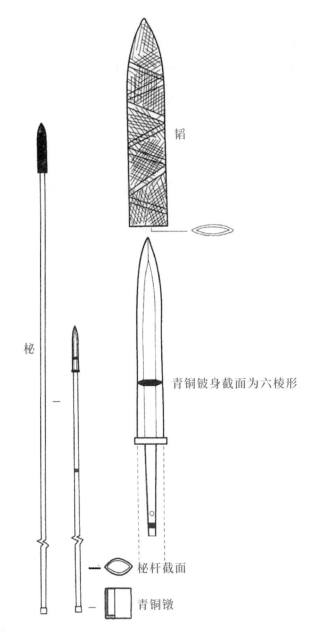

韬

柲

青铜铍身截面为六棱形

柲杆截面

青铜镦

▲ 铜铍及韬复原示意图[1]

———————————

① 袁仲一. 秦始皇陵兵马俑研究 [M]. 北京：文物出版社，1990.

营的壮大，铍的使用达到鼎盛阶段，直至西汉中期完全退出战场。

兵器铭文纪年最晚在十九年，此为公元前228年，依然是秦代之前的旧器。这个时间点明确了埋藏兵马俑不会早于此年，至于最晚的年代根据铭文则无法进行判断，埋得越晚越可能有早期的物件。是年，秦王嬴政进入而立之年，事业正值高峰期，秦军攻破赵都邯郸，赵公子逃亡代郡。

邯郸！生于斯，长于斯！这里为嬴政内心留下了一个受伤的小孩。秦赵长平之战，赵军大败，家家出殡，户户哭丧，最后还是以赵国割让大片疆土才换来秦国的退兵。为表诚意，秦国将嬴政的父亲子楚送到赵国作为质子。家国仇怎么能轻易地被化解？在这个人人都想弄死他的地方，子楚整天如履薄冰、战战兢兢，不敢有任何差池。而秦国若是觊觎打残后的赵国，他又是一个随时可以舍弃的棋子，是商人吕不韦给这位质子带来了一缕阳光。子楚独自返回秦国后，嬴政母子二人在邯郸梗泛萍漂，受尽欺辱，又是商人吕不韦提供了庇护，成了母子二人的太阳。

嬴政成为终结整个战国时代的枭雄，20多年来，他内心深处那个受伤的小孩无时无刻不在。"六道轮回，来往无其数。末法堪堪，各人寻头路，休等临性命全不顾。"站在邯郸街头，他下令坑杀了曾经欺辱过自己和生母赵姬的仇人，只因那个内心的小孩。站在邯郸街头，他肯定没有忘记寄居期间的恩人，更不会忘记为王9年间替他遮风挡雨、居兵器铭文首位的靠山，也只因那个内心的小孩。系我一生心，负你千行泪。失落、背叛折磨着他，从心里剜除"吕不韦"3个字显然比更改兵器铸造管理机构和监管方式更难。

三十六年，荧惑守心。有坠星下东郡，至地为石，黔首或刻其石曰"始皇帝死而地分"。始皇闻之，遣御史逐问，莫服，尽取石旁居人诛之，因燔销其石。（西汉·司马迁《史记·秦始皇本纪》）

天上掉下来一块陨石，被人刻了咒语，又一次让秦始皇大开杀戒并焚烧销毁陨石。在个人尊严受到侵犯时，嬴政惯常就会做出些骇人听闻的事情，当今心理学称之为"创伤后应激障碍"，英文缩写"PTSD"。如果在面对兵马俑的兵器时，一边感受铭文内容的变化，试探着锋刃的凌厉，一边再试图看到人性，历史方能鲜活起来。

兵马俑坑埋藏兵器之"真"，完全可用于实战。有钱人的"豪"真有点让人无法理解。青铜金属属于国防物资，采矿、冶炼、铸造需要付出人力、物力。现实生活中，秦国统治者一直极力推广务实节俭，一张旧草帘都不允许随便浪费，现如今却豪横地以真枪实弹来陪葬。秦始皇是怎么想的呢？

收天下之兵，聚之咸阳，销锋镝，铸以为金人十二，以弱天下之民。（西汉·贾谊《过秦论》）

收缴武器并销毁，贾谊认为嬴政这样做，目的在于削弱天下人的反抗能力。按照这个逻辑，兵马俑坑埋入具有杀伤力的陈年旧器，该是准备继续"豪横"地面对早他而去的六国故敌了。那么，为何却将戟头罩上了套子，长铍罩上了套子，强弩有檠又罩上了套子？刀枪入库、马放南山的非战场景又是几层意思？

几度春秋，剑戟度春秋。或许可以将之理解成秦始皇早已厌战，过去的终将过去。事实上，墓葬陪葬品本来就可以多种多样，秦始皇只是继承、增多而已。

妇好是商王武丁的众多妻子之一，中国古代最早的女将，曾率军征伐夷、羌、土等方国，战功卓著。论地位到底还是商王助手，与秦始皇无法相提并论。她的墓葬位于河南省安阳市，于 1976 年被发掘，是殷墟唯一保存完整的商代王室墓葬。墓口南北长 5.6 米、东西宽 4 米、深 7.5 米，无墓道，出土青铜器、玉器、宝石器、象牙器、骨器、蚌器等不同质地的随葬品近 2000 件。青铜武器有戈、钺、镞等，其中一件大钺长 39.5 厘米，刃宽 37.5 厘米，重达 9 千克。

钺既是王者贵族所使用的兵器，也是象征着权力的礼器和用以司法的刑器，形制似斧。但刃阔而弯曲，多呈弧形；体约呈长方形或正方形，薄而宽。甲骨文和金文中的"王"和"皇"字，即做斧钺的形状，现在的"王"字最下边的一横，就是铜钺最下边刃部的象征。妇好钺并非实战兵器，只是统帅权威的象征物。

▲ 甲骨文和金文"钺"的图形
　　左：持钺的人；中："王"字，钺的象形字；右："皇"字中下部"钺"的象形

▲ 商代晚期兽面纹大钺

　　越王勾践宝剑出土于湖北江陵望山楚国贵族墓。墓主人名叫悼固，楚国王族成员，应该是楚悼王的后代，虽然没有显名于史书，但是身份却不低。这座墓分主室、前室、边室，葬具两棺一椁，随葬品种类有铜器、陶器、漆器等近600件。两棺一椁属于诸侯级别使用的葬具标准。

　　为什么越王宝剑被楚国贵族所有？有人分析说这是勾践曾把女儿嫁给楚昭王为姬，这柄宝剑是嫁妆，后来楚王又把它赐给了某一个贵族，于是成了这位楚国贵族的随葬品。还有人说是在公元前309年至公元前306年间，楚国出兵越国时，楚军缴获了此剑，带回了楚国，最终成了随葬品。无论如何，勾践这位春秋霸主的王者之剑最后结局就是做了陪葬品。

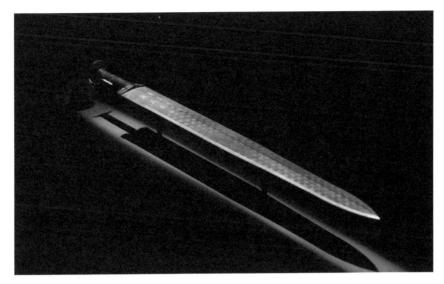

▲ 越王勾践剑

以不敌之威，辅服人之道，故不战而胜，不攻而得，甲兵不劳而天下服。是知王道者也。（战国·赵·荀子《荀子·王治》）

秦代一个没定式的时代。按说国家已经统一，"威眇天下"的时代已经来临，这个时刻广施仁政，把国家治理得很好，百姓安居乐业，才是正道。然而，王者征服天下，仁、义、威三者结合，有仿唐尧、虞舜等三皇五帝圣人治国，以无为治天下，即帝道；有法武王、周公制礼乐，明等级，以礼乐治天下，即王道；有严明法令，以法治国，即霸道。考古所见的实相告诉我们，秦帝国走的那条道，多道并轨，是一个混合体，随时调整，没定式。

没定式——不是旧模式的全盘继承，更不是脱胎换骨新模式的重塑。

27

这件铜戈有点怪

　　铭款是兵器的身份证，战国晚期一直到现代，兵器留有铭款，铸造有管理，各国、各代都是如此。对于同时代的兵器而言，秦国和其他六国的兵器在造型、铭款方面大体没啥差别，只是细节上保持着特性。

　　特性蕴含着兵器家族的遗传密码，破解之后便知其制作时间、原籍和名属，因此也引出一些我们看不懂的"怪事"。

　　铜戈是冷兵器时代最常见的长柄兵器，兵马俑坑有一定数量出土。戈来源于镰，用于钩杀。由戈头，木或竹柲，柲上端的柲冒和下端的铜镈四部分构成。戈头每一部分都有专名：刃部称"援"；援末转折而下的部分称"胡"；嵌入木柲的部分称"内"；援末和胡上穿绳缠柲的小孔称"穿"。

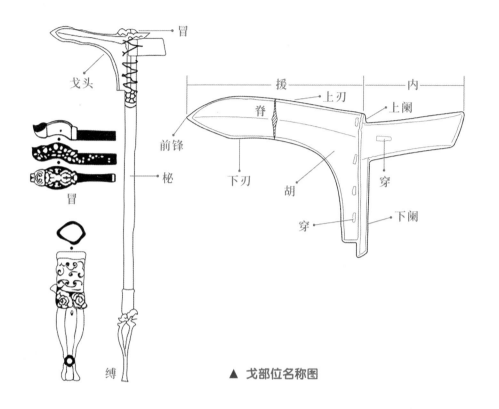

▲ 戈部位名称图

直兵造胸，句兵钩颈。（战国·吕不韦《吕氏春秋·知分》）

　　长柄兵器的柄，在古文献中被称为"柲"。戈、戟属句（勾）兵，出手必须是弧线，像割麦子先搂再刈，只有把柲做成扁形，通过手感便知利锋刃方向。矛属刺（直）兵，刺扎一条线直抵胸部，不能像虫子屈曲蠕动爬行，把柲部做成圆形，利于发力集中才更有杀伤力。以木为芯加若干竹篾者，刚柔相济，更强；以若干细竹竿积攒，弹性更佳，两者都属句兵。

　　有些学者认为兵马俑坑并没有出土严格意义上的青铜戈，应当是与矛组合的戟，我不太同意这个说法。柄虽然已经是枯株朽木，但用手术刀切开的断面，材质、形状区别很明显。"慢慢地①""慢慢地"，我以当年老杨师傅的口吻引导着学生们，在 2009 年至 2011 年间共计"切"了 17 根，发现断面呈现 3 种不同形象，推断其应该分别对应戈、矛、戟。

兵马俑坑所见铜戈形制持平一致，长内、长胡、长阑、四穿，援略上扬，锋刃锐利。通长 26.8 厘米，援长 16.4 厘米，胡长 12 厘米，内长 10.2 厘米。增加内长，三边开刃。采用长胡、长阑，能够有效增强戈、柲之间固定的稳定性和支撑强度。总之……挺稀松平常。日复一日的稀松平常，正是考古队的日常，世界很大，真想去看看。

2008 年 1 月，大雪。一处楼盘建设工地，一座西汉早期墓葬，一件铜戈出土了。墓葬早已被盗，铜戈品相却很好。通长 24.9 厘米，长胡四穿，援部细长上扬，内平直无刃，后有缺齿，胡上有子刺，铭文刻于内部。内尾色青绿似玉质，属于典型的"青漆古"，衬托得铭文更加清晰。我作为编外人员参加此次发掘并担任执行领队，看到此戈激动万分，第一时间请来袁仲一先生断字。

先生穿着棉衣，嘴角呼出白色雾气，双手冻得通红。他翻来覆去捧着铜戈看，有点迟疑坐困，临摹下两行 16 个字，然后轻声说道："好东西，真是好东西。"我急切想知道的文字内容却只字未提。时隔几个月之后，先生召集上课，逐字逐字地把文字考释过程写出来给我们看："十九年相邦瘠，攻室廣，右乍攻暲，冶觸造。"意思是铜戈铸造于十九年，参与者有相邦（督造）、廣（部委领导）、暲（车间主任）

---

① 在陕西方言中，"地"音同"dǐ"。

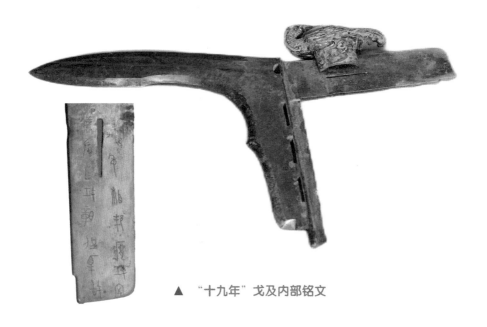

▲ "十九年"戈及内部铭文

和觸（工匠）。

先生又说：铜戈有点怪。

万物都有演变。同一类物种，下一代总有一些新变化，也总有一些对前代的继承。考古学家们将同种物品的继承与变化以时间早晚顺序排列出来，找出演变规律，确定所出"门派"，形成了一种研究方法，即类型学。

考古类型学落实于秦戈得到的结果是从战国晚期到秦代，外形变化一般集中于胡、穿、援三处。早期是中长胡三穿，有时或有长胡四穿，晚期统一为长胡四穿，多了一穿等于胡部更长了。援部扬起，内上翘，除援有锋利的刃外，内和胡上也磨有利刃，增强了勾杀和啄击的作用。

"十九年"戈外形为长胡四穿，属于秦戈时代比较晚的辈分，胡部

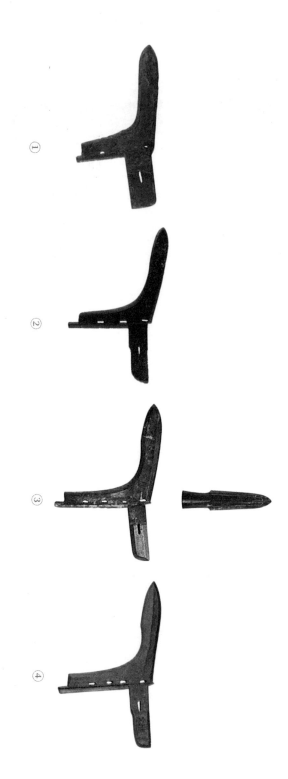

▲ "十九年" 戈与秦式戈造型对比

①春秋时期戈；② "五年相邦吕不韦造" 铜戟，兵马俑坑出土，时代为战国晚期至秦；③ "铜鞮" 戈，战国晚期至秦，西安市博物院藏，铜鞮原属晋国离宫，铜鞮原属晋国离宫，后属于赵，长平之战后归秦，属上党郡；④ "十九年相邦戈"，西安市西汉墓葬出土，时代为战国晚期至秦代

① ② ③ ④

却不是简单的弧线形，多了突出的尖刺，称子刺，这是战国晚期韩国铜戈的特征。铭文末端冶工名后加赘"造"字，能在韩国铜器上找到几乎一模一样的写法。这件铜戈似乎可以登记到韩国兵器名簿了。

> 秦虏王安，尽入其地，为颍川郡。韩遂亡。(西汉·司马迁《史记·韩世家》)

与铜戈特征吻合的时代，韩国国君是韩王安。韩王安即韩废王，韩桓惠王之子。韩王安即位时，韩国形势危如累卵，处于灭亡边缘，和秦王政领导下的秦国根本不是一个重量级。公元前231年韩王安献出南阳地块，即今河南境内太行山以南、黄河以北地区给秦，同年九月秦王任命韩国降将内史腾为南阳守。秦王政十七年（前230年）秦国派内史腾率师10万南下渡过黄河攻韩，一路势如破竹，几无抵抗，俘虏韩王安，以韩地建置颍川郡，建郡治于阳翟，即今河南禹州，韩国灭亡。公元前226年，在新郑的前韩国贵族发动叛乱，后被平定，而韩王安也在这年被处死。从公元前239年到公元前226年，韩王安在位9年，后又被软禁4年。

长胡四穿，援部细长上扬，内平直无刃，后有缺齿，胡上有子刺，铭文刻于内部，有实物为证，应为战国晚期韩式戈的式样。河南省新郑曾为韩国都城长达145年，经常发现一些韩式典型文物。故城外郭城东南部有一座窖藏坑，于1971年被发掘，出土了大量的戈、戟、矛等兵器，其中有80余件铜戈。其中一件Ⅵ式铜戈（T1：176）形制与"十九年"戈相同，但内部残缺。这批铜器中，大部分兵器上都有铭文，最晚的兵器铸造于韩王安八年（前230年），未发现韩王安九年的纪年，埋藏时代下限应为韩灭亡的公元前230年[①]。另一件造型相似的铜戈，藏于新郑市博物馆，亦出土于新郑故城。

"十九年"戈样貌同于韩式戈，却不是韩王纪年。另外，虽然各国兵器铸造都有监管机构，但职官各有不同。赵、秦、中山为"相邦"督造，韩、魏在中央为"邦司寇""大攻（工）尹"，地方督造多见"令"，燕戈铭文多以某王为开端。省级的主造者秦式为"攻（工）室"，韩、赵、魏多为"冶尹"。"十九年"戈由相邦督造，属秦戈。

打仗缴获了战利品，刻上名字为自己所用，这并不奇怪，秦军常将缴获的六国兵器留为己用。"十九年"戈的怪显然不是这个原因，兵工厂大小领导赫然在目。我理解袁先生为何说"有点怪"了。

怪的点很多，比如书上查不到相邦这个人。按照笔画厘定，外面是"疒"，里面是卯+月，怀疑是"瘤"。秦始皇时读音相近的大官只有王绾。二十六年（前221年）时"丞相绾"出席廷议会参与讨论了帝号问题，二十八年（前219年）时陪同皇帝出巡琅邪，挺重要的一位人物。王绾从何时开始任丞相？

秦人的丞相和相邦是两个不同的职位，二者有时可以同时存在，丞相辅佐相邦，相邦官更大，一人之下万人之上，嬴政班子里的二号人物。如此显赫的人物，十九年的时候是谁？何时出任？都干过啥事？

我无从得知。无从得知却又想知，好奇心有点像心里闯进了一只

①　郝本性.新郑"郑韩故城"发现一批战国铜兵器 [J].文物，1972（10）：32−40.

蚂蚁，挠得人坐不住。我和先生、队友一起猜，我们猜到这件铜戈出自一位韩国故国兵器铸造师，韩国灭亡之后转变了身份，以一技之长成为新秦国人。戈加子刺，提高了杀伤力，比传统秦戈更先进，于是我们还猜到秦国统治者有包容、开放的心态，善于接纳先进的事物。

"十九年相邦瘤，攻室廣，右乍攻暲，冶觸造。"虽然只有16个字，这堂课先生讲了近3个小时。授人以鱼不如授人以渔，我明白此堂课的意义。

做出合情合理的猜测之外，我沉溺于其中的另一"怪"。"十九年"戈出自西汉早期墓葬，主人应该属于汉长安城内稍微有一点点身份的小贵族。墓葬地点、形制、其他遗物都可作为判断依据，我亲自发掘，对这个结论十分确定以及肯定。

然而，秦始皇在逐一剪灭东方六国政权后，又采取了不少措施以防止当地残存势力作乱，其中之一就是将各地的兵器收拢至咸阳，熔化后铸成金人十二。这一举措传世史料中多有记载，铁板钉钉。那么，这件铜戈缘何能继续保存于私人手中直至西汉早期？

这样的疑惑促使我开始查找秦统一前后兵器流散的足迹。湖南溆浦马田坪 M24、长沙左家塘 M1、汨罗市永清 M36、四川成都新都 2002CXQM1 以及青川等，数量确实不算多，但也不是绝对没有。新都 M1 墓坑南北长 3.8 米、东西宽 1.8 米、深 0.4 米 ~0.45 米，墓口距地表 0.55 米；长沙左家塘墓坑近正方形，长宽 4 米左右，深 4.06 米，有长 5 米的墓道。这些墓葬规格属于中等偏下。

新都 M1 出土铜戈、铜剑、胄顶和铜钺。一件铜戈援长 5.5 厘米、内长 3 厘米、内宽 2.4 厘米，是明器，专门用于随葬。另外 1 件援上翘，长胡，援中间起脊。长方形内，内上一穿，长胡四穿。援长14.5厘米、内长8厘米、内宽3厘米，属秦代前后标准型式。铜钺也是实用器，突出特点是球形刃、肩部耸成倒刺。明器戈和实用钺属于巴蜀人用器的风格。

长沙左家塘M1出土的兵器有铜戈、铜矛、玉具剑部件。戈长胡，短援，胡上四穿，全长21厘米，内上一穿孔，内的两面均刻有文，一面刻有"四年相邦吕工寺工龙丞"；另一面刻有一个"可"字。"相邦吕"即秦相国吕不韦，"四年"即秦始皇四年（前243年）。秦始皇在公元前247年即位时才13岁，政事由相国吕不韦执掌，此戈是这个时候铸造的。

此处敲黑板：铜戈的铸造时代≠墓葬的时代。铜戈可以流传。考古工作中对处于朝代承续节点上的遗存本体进行时代判断，往往用词尽量模糊、宽泛。考古发掘者确定长沙左家塘M1年代是西汉早期，新都M1同出半两钱，版型从战国早期到秦代共4种，可以判断是秦代墓葬。

看到这些考古实相，我笑了。西汉早期墓葬出土"十九年"戈，铜戈沿袭韩国故国兵器模板，我见到的诸"怪"实际并不怪。大汉灭秦，汉人对秦器却情有独钟，死了也要爱，可见"汉承秦制"深入到了社会的边边角角。墓主是秦帝国人，依然陪葬巴蜀土著的戈、钺以及大量陶器，可见秦始皇心田似海、纳百川方见容人。

28

岁久遗戈金不销

不难想象，这些是散于民间的官兵器，一部分可能来自战场，两军对垒厮杀，一旦战败，丢盔弃甲乃是常事；一部分可能来自军队行进过程中的逃亡士兵。

> 廿五年九月己丑，将奔命校长周爰书：敦长买、什长嘉皆告曰：徒士伍（五）右里缭可，行到零阳庑溪桥亡，不智（知）外内，……缭可年可廿五岁，长可六尺八寸，赤色，多发，未产须，衣络袍一、络单胡衣一，操具弩二、丝弦四，钜剑一，米一石五斗。（里耶秦简）

这是一则"通缉令"，出自里耶秦简。"通缉令"写在 3 枚简牍上，大意是说秦始皇二十五年，也就是公元前 222 年九月乙丑日，

"买""嘉"两名基层官吏分别向上级报告了戍卒缭可失踪一事；缭可从里耶前往他地，行走到零阳（今湖南慈利县一带）庑溪桥逃跑了，下落不明。缭可大约 25 岁，身高六尺八寸，皮肤褐红色，头发浓密，没有胡须；上穿麻布长衣，下穿单裤，随身还带着剑、弩以及粮食。秦汉时期一尺相当于今天的 23 厘米，缭可身高一米五六，身体挺壮实，带了 100 多斤的东西，尤其有多件兵器，得引起高度重视。

携武器外逃而被通缉，缭可接下来的行动也许会是易装、藏匿武器。看到这则通缉令，我曾经想结合江西省遂川县的一次考古小发现，编一个类似"密室逃脱"游戏。

江西省遂川县属于秦代九江郡，建于秦王政二十四年（前 223 年）灭楚时期。1976 年春，一位基层行政干部发现在左溪河岸上露出一陶罐，罐里装有文物，当即妥加保护并逐级上报。县委、县文化馆和县委负责同志对此发现十分重视，派专业人员赶赴现场。经清点，罐子里有青铜矛 1 件，戈、镞若干。周围勘察没有发现墓葬或者战场等其他迹象，排除了兵器是随葬品或者战场遗留的可能，而应该是人为埋匿无疑。

铜戈内的一面刻有铭文，释为：廿二年临汾守曋库係（？）工造。"临汾"是郡名，即河东郡，郡治设在临汾，临汾守即河东郡守，铜戈是在地方行政长官的督造下、由地方武器库制造的产品，铸造年份距秦统一早 4 年，距秦发兵南征百越早 6 年。

临汾铸造的兵器，被埋在江西的一条小河边；荒郊野外，埋匿一罐子兵器。这真有趣，不是吗？

乃使尉屠睢。发卒五十万，为五军。一军塞镡城之岭；一军守九疑之塞；一军处番禺之都；一军守南野之界；一军结余干之水。（西汉·刘安《淮南子·人间训》）

公元前 219 年，秦始皇下令南征百越。根据《淮南子》的记载，秦军接到征战百越的命令后，点兵 50 万，从咸阳出发，分五路南下。在第一路灵渠尚未凿通之前，主要依靠三路和四路。三路"处番禺之都"，即溯湘江到达今天的湖南郴县、桂阳等地，再翻越崇山峻岭进入今天的宜章、临武等地，再顺武水入北江而下广州。四路"守南野之界"，即由今天的大庾、南康、上犹、崇义、信丰、龙南、定南、全南等县过大庾岭横浦关进入粤北，再沿浈水入北江达广州。

今遂川县境属于秦时"南野之界"的范围，路通五岭湖广。北顺左溪河而下与右溪河汇合成遂川江，注入赣江可抵豫章，南过南野境越大庾岭抵粤，西沿左溪河而上数十里越岭即达湖南郴州桂东县境。兵器发现于河岸的陶罐里，应该是"守南野之界"的秦军遗留的物品。

遗留定有原因。"缭可"不愿意继续随军南下，选择当了一名逃兵。看到四处张贴的通缉令，他坐在溪水边藏匿了最显著的身份标志——兵器，但却又陷入茫然，不知道何去何从。

秦人逃亡很难成功，"治"即是活生生的例子。廿（二十）五年（前222 年）五月丁亥朔壬寅，治先逃亡到楚国京州，遇到了阆等人。这些人原本是楚国人，与治等一起居住在京州。治换了身份在楚国隐匿下来。治与阆等人不知是何原因，又辗转来到秦地州陵县想要归顺。这简直是自投罗网，他在秦国早有案底，属于外逃通缉人员，按照秦律，他一旦回国，就会被处以城旦之类的严厉惩罚。于是他和带来的楚国朋友一起居于山谷中成为群盗，以抢劫为生，最后还是被秦国士兵抓获，伏法认罪。

岳麓书院藏秦简中记录了一件"多小未能与谋案"。秦王政二十二年（前225年），秦军在进攻楚国庐溪时，捕获了原为秦人、后来逃出秦国亡命到楚国的男子"多"。10年前，多才12岁，跟着母亲一起逃亡到楚国，因为当时幼小，并未参与一起谋划逃亡。10年后，母亲已去世，多只是一名普通士兵，依然被黥为城旦。

埋好兵器，"缭可"进山为盗。除此之外，我想不出更好的剧情设计。

长平战骨烟尘飘，岁久遗戈金不销；野人耕地初拾得，土花溃出珊瑚色。（元末明初·刘基《长平戈头歌》）

很多人熟悉"长平之战"。秦国名将白起率军在赵国长平生死搏杀，赵军最终战败，秦军获胜进占长平，并且坑杀赵国40万降兵。今山西省高平市永录乡即是此战场，先后出土了"卅八年上郡守庆造"铜戈、"十六年宁寿令"戟等一些兵器。

"卅八年上郡守庆造"是昭襄王时期的秦戈。上郡原属魏地，秦惠文王十年（前328年）魏国献上郡十五县地入秦。上郡纳入秦国版图后成为最主要的兵器输出地，至少有3个兵工厂。

十六年宁寿令戟属赵器。"宁寿"应作"灵寿"，地处河北省中西部，西依太行山，东临大平原，原为中山国所辖，著名历史人物有乐羊、乐毅。公元前296年中山国被赵国所灭，随后赵国在中山国原有的基础上设立兵工厂。

中山国，建立者为中山武公，是由白狄所建立的国家，因城中有山而得名中山国。中山国国土嵌在燕、赵之间。经历了戎狄、鲜虞和中山3个发展阶段，曾长期与晋国等中原国家交战，一度被视为中原国家的心腹大患，自然不是一只菜鸟，如此赵国才能在灭中山国后短短的时间内，在灵寿设立行政长官——令，并建立冶铸机构——库，能造出"十六年宁寿令戟"这样的兵器，凭借的正是中山国良好的青铜冶铸基础。

秦国兵器的直接制造者才称工某。"十六年宁寿令戟"共计17字，最后是"工固执齐（剂）"，直接制造者称工！这又出现了和"十九年"戈一样的怪事。

在文化交流非常发达的战国时期，能够与中原列国相抗衡百余年的中山国，也必须从各国吸取先进的东西。兵器的直接制造者称"工"，可能是中山国向秦国学习的结果。赵国在中山国原有作坊的基础上从事兵器制作，在"物勒工名"制度上继续保留原有的方式。

何谓"岁久遗戈金不销"？秦国、中山国、赵国，和羹之美，在于合异；上下之益，在能相济。文化交流就如此直接、间接地发生着，岁月消不掉。

那么，秦始皇"收天下之兵"到底是真是假？

　　十四年四月己丑以来，黔首有私挟县官戟、刃没〈及〉弓、弩者，亟诣吏，吏以平贾（价）买，辄予钱。令到盈二月弗诣吏及已闻令后敢有私挟县官戟、刃、弓、弩及卖买者，皆与盗同法。挟弓、弩殊折，折伤不可［复以为］戟、弓、弩殹（也），勿买，令削去其久刻⌐。赐于县官者得私挟。（《岳麓秦简》）

"县官兵"指官有兵器。老百姓私自持有官方产权的兵器，得上报，政府按市场价予以收购。如果超过了两个月还没上报，或者明知故犯甚至私下倒腾军火，严惩不贷，量刑参照盗窃罪。如果兵器已经残坏，政府买回来没用，可以责令除去铭款，愿意留就留吧。如果是"赐"得，那关乎个人的荣耀，完全被允许持有。

秦统一后新地的兵器确实要收缴至内史，然而并非一刀切。二十六年（前221年）廷议会上才确定了老百姓统称"黔首"，岳麓秦简这条律令颁布于秦王政十四年（前215年），后来有过修改并继续执行。

如果没有实物出土，历史实相则无法被看到，正如近代国学大师王国维先生早在20世纪20年代就指出："古来新学问起，大都由于新发见。"岳麓秦简比较完整的有1300余枚，绝大部分为竹简，只有少量木简，是继湖北云梦睡虎地秦简、龙岗秦简、甘肃天水放马滩秦简和湖南龙山里耶秦简之后的又一"新发见"。

此刻，我想到了我的另一位恩师，胡平生先生。岳麓秦简能发挥如此大的作用，始于胡先生的"发见"并屡次提交资料提议回购。我猜这批竹简最终能入藏湖南大学岳麓书院，定和先生不遗余力地游说有关，但相识多年从未听他谈起过。

秦简牍发现盘点

自 20 世纪 70 年代以来，全国各地出土的秦简牍主要有：

（1）云梦睡虎地秦简。湖北云梦睡虎地 11 号秦墓出土，计 1155 枚竹简，另有残片 80 片。该墓的墓主人名叫喜，曾任安陆令史、鄢令史和鄢的狱吏等职，长期从事与司法有关的工作，去世的时间约为秦始皇三十年（前 217 年）。

（2）青川木牍。四川青川郝家坪 50 号墓出土，时代属战国晚期。

（3）放马滩秦简。甘肃天水放马滩 1 号墓出土，计 462 枚。时代为战国晚期。

（4）岳山秦牍。湖北江陵岳山 36 号秦墓出土，2 枚，时代为秦统一之初。

（5）龙岗秦简。湖北云梦龙岗 6 号墓出土竹简 293 枚（包括残片 10 个）、木牍 1 枚。时代为秦代末年。

（6）杨家山秦简。湖北江陵杨家山 135 号秦墓出土了 75 枚竹简。

（7）王家台秦简。湖北江陵王家台 15 号秦墓出土了 813 枚竹简，字迹大多可以释读。其中《归藏》相传是商代的卜筮之书，与《周易》齐名。

（8）周家台秦简。湖北荆门周家台 30 号秦墓出土 389 枚竹简（其中含 14 枚空白简）和 1 枚木牍。年代为秦二世元年（前 209 年）。

（9）里耶秦简。湖南龙山里耶镇的里耶古城 1 号井中发现了大批秦代简牍，总数达 36000 多枚，主要内容是秦代洞庭郡迁陵县的各种档案。

（10）岳麓书院藏秦简（简称"岳麓简"）。湖南大学岳麓书院购藏的一批秦代简牍，总数达 2098 枚。后又收到捐赠的 76 枚竹简。

（11）北京大学藏秦简牍（简称"北大秦简"）。由香港冯燊均国学基金会出资购买并捐赠给北京大学的一批流失海外的秦代简牍。包括竹简 763 枚、木简 21 枚、木牍 6 枚、竹牍 4 枚、不规则木觚 1 枚、有字木骰 1 枚。

29

弹性 "收兵"

墓葬中的随葬兵器，兑现了岳麓秦简中"私挟县官兵令"所记——赐于县官者得私挟，属于"葬之以礼""器以藏礼"。我的老父亲曾入朝作战，因作战勇敢受到奖励，奖品包括当次战役中缴获的一片美军降落伞，他终生将之视为至宝，我十分理解为何墓葬中会有兵器。

这类墓葬出土的兵器往往不止一件，似乎还有一共性，铜器缺少鼎、簋、壶等传统礼器，更多见日用生活器、装饰品。而礼器是贵族在举行祭祀、宴飨、征伐及丧葬等礼仪活动中使用的器物，要求使用者具备一定的身份、等级与权力；日用器、装饰品更多与经济条件有关，买得起就行。

1978 年，在今陕西宝鸡市凤阁岭发现两座洞穴墓[1]，一座出土铜

---

[1]　王红武，吴大焱. 陕西宝鸡凤阁岭公社出土一批秦代文物 [J]. 文物，1980（9）：94-95.

▲ 现代 87 式便携式军用水壶

▲ 铜扁壶

咸阳秦墓出土。时代为战国晚期。现藏于陕西考古博物馆

▲ 鎏金蟠螭纹铜扁壶

陕西省咸阳市乾县出土。时代为战国。带盖，盖上有钮。口沿和盖上可见鎏金痕迹。壶身正反面都饰有龙纹。壶身两侧肩部饰有灵纹，并各有一铺首衔环。现藏于陕西历史博物馆

▲ 汉中"赵忠"墓铜扁壶

两耳内残存麻绳，现藏于汉中市博物馆

戈、弩机、剑、蒜头壶。铜戈内两面刻有铭文，字体草率，纹道极浅，纤细如发。一面刻有"武库"二字，另一面刻有"廿六年，陇栖守某告（造），西工宰阉，工某"。戈的形制、铭文体例及风格都属"秦式"，铸造年代恰逢统一当年。

1983 年，在今湖南省汨罗市永清墓区 M36 墓，出土的随葬品有铜镜、半两钱、剑、戈（附镦）、带钩、印章、蒜头壶，还有礼器鼎、盒、豆、壶各 10 余件，却均是陶质，烧制温度较低[①]。

蒜头壶是战国晚期秦人独创的一种容器，壶口做成蒜瓣状凸起，腹部或圆或扁，用于盛水和盛酒。扁腹与现代军用水壶一脉相承，有耳可系，适于行军携带，汉中杨家山赵忠墓出土过两件。既有顶级版弩机，又有扁壶，我笃定赵忠绝对出身行伍，每次站在"将军俑"面前，我脑海里总会带入他。

装备精良的秦军，自然离不开铜剑。剑属于短兵器，双刃，尖锋。可斩可刺或还用于投击，适合近战、格斗、卫体。相对于"止戈为武"，秦汉前后的历史时期，佩剑更多具有象征身份、地位的意义。《左传·哀公十七年》记载良夫拜见太子时袒露衣服，而且没有解掉佩剑就吃饭，因而违背了礼仪，最后因此而丧命。公元前 595 年，楚庄王因为宋国杀了自己的使臣，气得鞋也忘了穿，剑也不带了，一甩袖子飞跑出宫，准备亲自远征，他的随从人员连忙捧着这些必需品去追。男子普遍佩剑以标志身份，不可须臾离身。

秦王政 13 岁登基，9 年之后开始亲理朝政，在旧都雍城举行加

---

① 湖南省博物馆.汨罗县东周、秦、西汉、南朝墓发掘报告 [J].湖南考古辑刊，1986（3）：45–86.

冕仪式，庄重地戴上了王冠和宝剑，可见佩剑关乎礼制仪轨。另一则故事发生在咸阳城大殿上，秦王接见荆轲依然背负长剑，并得以化险为夷。

考古学者徐坚出版过一部著作——《时惟礼崇：东周之前青铜兵器的物质文化研究》。他认为东周以前的青铜兵器就是青铜礼器，不可高估战争实用性。比如一把带黄金手柄的刀，表面看刀用于砍斫，具有实用价值，但是深入下去可以看到技术进步程度和生产、流通、使用等经济关系。黄金手柄表明使用者的社会等级归属关系，而手柄以及刀刃上的纹饰和刻符可能揭示特定的崇拜、禁忌和信仰。一把带黄金手柄的刀由于采用了贵重、罕见的原材料，所以，对生产者和使用者而言，表达社会意义和意识形态意义就成了重心，相对地，就会抑制刀的技术和经济意义。

我深以为然。如果只从实用层面考察兵马俑坑中的铜剑，看它是否锋利、杀伤效果如何，看它如何"逆天""难怪秦国军队战无不胜"，而不是看它技术之外的因素，我们永远看不懂兵马俑，永远无法走进秦始皇的世界。

我在兵马俑发掘期间手气不太好，只碰到过铜剑的残部。2017年调离之后，参加了咸阳城遗址一处墓地发掘，才终遂心愿。那时我并没有思忖到铜剑与礼仪——意识形态的关系，一度对秦始皇"收天下之兵"的成效深表怀疑。

在十八般传统冷兵器中，剑被称作"百刃之君""百兵之帅"。在武行中剑多作为防身性兵器，由于携带美观，所以名士贵族多佩剑，久而久之剑被大众视作有智慧、有内涵、有身份的兵器。

项羽是秦朝的一号危险人物，秦末下相（今江苏宿迁）人。少年时，叔叔项梁教他读书，但他学了没多久就不学了；项梁又教他学剑，没多久又不学了；项梁因此特别生气。项羽说："读书识字只能记住个人名，学剑只能和一个人对敌，要学就学万人敌。"项梁于是又教项羽学习兵法，项羽非常高兴，但是只学个大概，不肯深加研究。司马迁对此评价道："学书不成，去；学剑，又不成。"由于剑与意识形态的关系，作为楚国名将项燕的后人，项羽叔侄二人在秦末带剑、习剑并不需要遮遮掩掩。

剑与意识形态的关系至今犹存。经常见有些人在家中摆放镇宅宝剑，希望家宅平安，远离凶险和霉运。如果害怕金属杀气太重，也可以换成桃木质剑。"桃"谐音"逃"，据说趋吉避凶的能力更强。镇宅宝剑对生产者和使用者来说，丝毫没有战争实用性，只是在表达社会意义和意识形态意义。

始皇既立，并兼六国，销锋铸镰，维偃干革。（西汉·司马迁《史记·太史公自序》）

堕名城，杀豪俊，收天下之兵聚之咸阳，销锋铸镰，以为金人十二，以弱黔首之民。（西汉·司马迁《史记·秦始皇本纪》）

销即熔化，锋指兵器；镰是钟鼓架。秦始皇在咸阳熔销收缴兵器铸造钟虞铜人，史书都这样写。长年战乱，一定有兵器散落民间，一定有违社会稳定，必须严打。收兵政策合乎情理，似乎毋庸置疑。

"销锋铸镰，维偃干革"，销毁谁的锋？维护哪里的和平？

由出土秦简，我们知道了此项政策始于统一前夜。收的标准有二：国家铸造，依然可用。残破的兵器勿买，因为不能用，能用的赎回，不白要。对于民间锻造的私人兵器，或许是因属私财，抑或许是质量不行，总之不在收兵之列，更无须强买。

知晓了收兵具体的落实细节，头脑风暴接踵而来。

打仗需要消耗大量的兵器装备。《孙子兵法·作战》提到这方面的损耗时说"公家之费，破车罢马，甲胄矢弩，戟楯蔽橹，丘牛大车，十去其六"。秦王政十五年（前232年），秦军分二路大举攻赵……秦王政二十三年（前224年）……秦王政二十六年（前221年）秦将王贲攻齐，俘虏齐王建，齐亡。从秦王政十五年（前232年）到秦统一后的一段时间里，秦长期进行着频繁的大规模军事行动，军备物资损耗量一定不小，回收无疑是最快捷、最经济的补充途径。兴师十万，日费千金，能省则省，秦始皇挺会算计，也是挺不容易。

> 乃偃武修文，归马于华山之阳，放牛于桃林之野。示天
> 下弗服。（《尚书·周书·武成》）

周武王姬发是西周的创建者，深受人民爱戴。面对商纣王的昏庸无道，姬发打出了为民请命、替天行道的旗号伐纣，于公元前11世纪以武力灭商。成功之后宣布将作战用的马归于华山之阳，放牛于桃林之野，不再乘用，表示不再用兵，要致力于文治，此举是做了一场"放马归牛"行为秀。

嬴政步其后尘，毁城、杀人、收兵，三事相辅相成。战争必然会引起国家间、民族间的仇恨，一方面占领了其他国家的国都或重镇，保留原有的城隍、武器库，无原则地优待俘虏，无异于给自己埋雷；一方面昭示世人，天下已太平，兵器"示不复用"如画饼充饥，有精神抚慰的疗效。秦始皇在笼络人心方面很应付裕如。

　　通过表象看本质，收兵政策的实相有嬴政担负的军需压力，有疏解仇恨的善意，削弱天下反抗力量则成为附加收益。此外，"收兵"涉及的人员、器类还有弹性。

　　兵，有时指戟、刃、弓、弩4种，有时指除去剑、长刀以外的武器。人，有时专门针对新占领地区的百姓，言下之意即秦故地的百姓可以不包括在内。这倒不是地域歧视。有些新黔首人自己不争气，种地不勤勉、室屋不修缮，成天带剑挟兵，行为"非善俗"。这种最终解释权在政府的收兵实质，让我甚至有了些许赞同。

　　韩信，淮阴人，西汉开国功臣，中国历史上杰出的军事家，与萧何、张良并列为"汉初三杰"。韩信能受胯下之辱，大体被作了励志故事，早年因为家贫常到村长家蹭吃蹭喝，有一天杀猪的年轻屠户对他说："你虽然长得高大，喜欢佩带刀剑，其实是个胆小鬼。"又当众侮辱他说："你要不怕死，就拿剑刺我；如果怕死，就从我胯下爬过去。"于是韩信仔细地打量了他一番，低下身去，趴在地上，从他的胯下爬了过去。满街的人都笑话韩信，认为他胆小。

　　我觉得这个故事很"鸡汤"，三观不正，好高骛远，非善俗，对社会有什么益处？如何能受人尊重？早点收了他的刀剑未必是错。

新黔首公乘以上挟毋过各三剑乚；公大夫、官大夫得带剑者，挟毋过各二剑乚；大夫以下得带剑者，毋过各一剑，皆毋得挟它兵。过令者，以新黔首挟兵令论之。（岳麓秦简）

秦统一中国，结束了春秋战国几百年的分裂，最主要原因是秦孝公商鞅变法。变法使国力大增，战斗力所向披靡，而战斗力主要来源于具有秦国特色的二十级军功爵位制度。军中爵位高低不同，甚至每顿吃的饭菜都不一样。当爵位到五大夫时可衣食 300 户的租税。如果军功杰出，衣食 600 户后可以养自己的家臣与武士。每个级别能不能带剑，能带多少，一一做出规定，八级公乘以上 3 柄，六级和七级别超过 2 柄，五级以下最多只能有 1 柄，除此之外其他的武器不能带，被允许带剑属于一种"特权"。

所以说，以往我们脑海里的所谓"收天下之兵"只是我们的想法，太僵化、太绝对了。1999 年，湖北省荆州市肖家山清理了一批战国到秦汉时期的墓葬，其中一座年代为秦，葬具有一椁两棺。随葬品组合不仅有楚

秦国的二十级军功爵位

一级公士，二上造，三簪袅，四不更，五大夫，六官大夫，七公大夫，八公乘，九五大夫，十左庶长，十一右庶长，十二左更，十三中更，十四右更，十五少上造，十六大上造(大良造)，十七驷车庶长，十八大庶长，十九关内侯，二十彻侯。

式铜壶、铜剑、木天平衡杆与砝码、玉牌饰，也有秦式铜蒜头壶、凤鸟纹铜镜。因为墓里有楚式铜壶、2柄铜剑，又有木天平衡杆与砝码，墓主人很可能是楚国故人[①]。对照律令，这位墓主人处于中等阶层，爵位应该在六到七级。

　　然（陈胜）起穷巷，奋棘矜，偏袒大呼，天下从风，此其故何也？（东汉·班固《汉书·徐乐传》）

　　如果戟戈内上有刃，韩国兵器自称为"戟刃"或"戟刺"，所以"棘矜"即"戟柲"。秦二世元年（前209年）七月，穷小子陈胜大泽乡斩木为兵，揭竿为旗，仅有戟把可使用，收兵之举取得了一定的效果。但真相也许是陈胜出身寒门，没资格佩剑。

---

① 荆州博物馆.湖北荆州市沙市区肖家山一号秦墓[J].考古，2005（9）：16-19+103.

30

君臣一梦，今古空名

兵马俑坑出土的兵器质量精良，令人咋舌于其时冶金水平，这是文物表现的考古学价值之一，价值之二在于那些铭款背后的故事。"物勒工名"制度下，铭款给我们引荐出诸位冶工、铸工等小人物。这些兵器来源比较单一，缺乏可想象的故事情节。

直到碰到了"十九年"戈，顺着秦国兵器这条线慢慢梳爬，我读到了很多被黄土淹没的精彩故事，想象出 n 种游戏方案，也开始跳出兵马俑坑去发现帝国从无到有的过程中，众多人物为之所作的贡献，看到了秦始皇先祖，比如惠文王、昭襄王；看到了把守边陲的地方官，比如临汾守、上郡守；也看到了地位更卑贱的人，比如隶臣。

昭襄王，本名嬴稷，幼年经历和嬴政接近，滞留在燕国做质子，苦哈哈，惨兮兮。公元前 307 年，武王嬴荡意外去世，嬴稷意外上位做了秦王。执政早期的境况和嬴政也接近，没有实权，母后私生活不检点，与西戎王私通生子。不同的是，嬴稷有一位懂退让、顾大局的母亲，有军事能力强的靠山魏冉舅舅。

昭襄王在秦国的漫长历史中起到了非常关键的作用。他在位时间长，功绩卓著：先后战胜三晋、齐国、楚国，攻取魏国的河东郡和南阳郡、楚国的黔中郡和郢都；发动长平之战，大胜赵军；又攻陷东周王都洛邑，俘虏周赧王，迁九鼎于咸阳，结束周朝800年的统治，秦帝国时代的版图因此而基本确定。今天我们耳熟能详的一些成语典故，例如鸡鸣狗盗、远交近攻、完璧归赵、毛遂自荐，都与他有直接或间接关系。各地出土的兵器时不时地在提醒崇拜秦皇大帝的人，昭襄王也很重要。根据铭款和造型，这些兵器很多属于昭襄王团队出品，比如澳门萧春源珍秦斋藏秦"廿三年家丞"戈、山西屯留"七年上郡守间"戈、内蒙古准格尔旗十二年"上郡守寿"青铜戈。

上郡位于秦国北部，最早属于魏国势力范围，以黄土高原地貌为

▲ "上郡守寿"青铜戈

主，夹在农耕与游牧两大经济带之间甚是尴尬，从魏文侯到秦公子扶苏、蒙恬，直至后来的大夏国赫连勃勃，无定河静静地流淌，见证了跨越几个世纪的人间纷扰。

由于军事压力大，上郡守多为著名大将担纲。多件兵器铭款提到的郡守向寿，与秦昭襄王是发小，是亲楚派。公元前307年，秦将甘茂带副手向寿攻韩，"斩首六万"，占据宜阳即今洛阳地区。到了第二年昭襄王上位，为了平复宜阳百姓的战后创伤，向寿继续在当地做安抚工作。

韩国国相公仲侈派苏代见到了向寿。苏代说道：野兽被围困急了是能撞翻猎人车子的。如果您不替韩国说好话，大不了国相受辱向秦国卖一次乖，说不定还可以得到秦国的封赐。万一国相死扛到底，发动私家徒隶豁出去了，对秦国尤其是您本人未必有好处。您别以为秦王最亲近您、最赏识您，只不过是因为他身边的樗里子亲近韩国，甘茂偏袒魏国，相对来说您还比较纯净。如果您重蹈这两位的覆辙，对楚国表现更多的偏爱却和韩国过不去，恐怕秦王也会心生怀疑。

也许正如苏代所猜，昭襄王忌讳向寿与楚国走得太近，开始派他北上，担负起上郡地区的管理。上郡历任郡守经常身兼数职，一边要率军打

大夏国

又称西夏国，11~13世纪党项族建立，前后共历十个皇帝，在西北地区称霸两个世纪，曾以统万城为都。西夏前期与北宋、辽朝对峙，后期与南宋、金朝鼎足，在中国中古时期形成复杂而微妙的新"三国"局面。西夏不仅创造了轰轰烈烈的民族历史，繁荣了丰富多彩的民族文化，对北宋、辽国、南宋、金国以及回鹘、吐蕃的关系也产生了重大影响，甚至起到制衡作用。

仗，一边还操心铸造兵器。

自从秦惠文王更元十三年（前312年），魏之上郡全部归秦之后，昭王守在这道国家的北大门，设下辖漆垣、高奴两县，众多兵工厂应运而生，所造兵器扩散范围极其广泛。这些兵器令我记忆最深的是一戈、一矛，1974年出土于广西桂林平乐县银山岭墓地[①]。

银山岭铜戈内正面横刻"江""鱼"二字，年代在秦昭襄王三十年至三十五年（前277～前272年）之间。矛通体宽扁，脊两侧各有一条血槽。䤸扁圆，上有圆孔，近叶处刻"鄝陵"二字，年代在白起拔郢之时，即秦昭襄王二十九年（前278年）。这两件秦兵器显系舶来品，缘何出现在岭南？有学者推测极有可能是从北边的楚地流传至此。平乐银山岭地处岭南山脉南麓，湘桂走廊东侧，北接楚地，既是战国时期南北交通的要道，又是文化交流的重要通道。它们被发现于广西，实际也佐证着昭襄王时期秦楚之间频繁、激烈的战事。

因为安徽的两件铜戈，强烈的好奇心驱使我围观了一场笔墨官司。1996年5月，安徽省桐城市发现了一座战国墓葬出土的一件铜戈，上有刻款铭文三行共18字："十九年上郡守道造，高工师竈，丞猪，工隶臣渠"。1998年在与桐城相距70多千米的潜山县再次出土类似的兵器，内一侧有"上"和"徒淫"刻字，另一侧三行共19字："廿四年上郡守瘖造，高奴工师竈，丞申，工隶臣渠"。"道""瘖"厘定为"错"[②]，是昭襄王时期上郡的地方长官。桐城与潜山两地相距不远，很可能是同一次军事

① 广西壮族自治区文物工作队.平乐银山岭战国墓[J].考古学报，1978（2）：211-258+273-275.

② 刘钊，江小角.安徽桐城出土秦十九年上郡守道戈考[J].考古与文物，2009（3）：31-32.

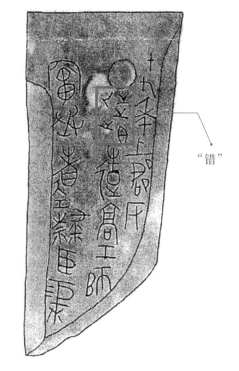

"错"

▶ **安徽桐城出土铜戈铭文摹本**

　　铭文：十九年上郡守道造，高工师竃，丞猪，工隶臣渠。铜戈通长 16.5 厘米，戈援狭窄，中长胡三穿，有栏。内上下有刃，中有一圆形穿。这是一件典型的战国晚期秦国兵器

　　活动遗留下来的兵器，由此也可见昭襄王时期秦国战线之长。

　　错从秦昭王十六年至二十七年（前 291~ 前 280 年），一直在与魏相邻的上郡一带任秦将，先是担任左更，受命率军攻打魏国，夺取魏国的轵地，继而攻打韩国邓地。安徽桐城与潜山出土的铜戈铭款说明：错在位期间主抓了上郡高奴县的兵器制作，提拔了工丞"猪""申"为工师，工人中不乏鬼薪、隶臣身份的刑徒；兵器使用有统一调配。

　　魏昭王元年（秦昭襄王十二年），秦尉错来击我襄。（西

汉·司马迁《史记·六国年表》）

（秦昭襄王）十六年，左更错取轵及邓。（西汉·司马迁《史记·秦本纪第五》）

笔墨官司的焦点在错、司马错是一人还是两人上。错从昭襄王十二年（前295年）开始登上史册，至二十七年（前280年）之间一直活跃于战事，尤以魏国之地为多，称呼依时序为尉、左更、客卿，参与战事的时间、地点与白起在魏地的经历几乎密不可分，两人是黄金拍档。白起在昭襄王十三年（前294年）时为左庶长，次年升爵左更，迁为国尉，又次年升爵为大良造，爵位的增益始终早且高于错。

相对于错，司马错身上的光环更耀眼夺目。他历仕秦惠文王、秦武王、秦昭襄王三朝，曾跟相国张仪有过争论，主张"得蜀即得楚"。得蜀即得楚，被后代军事学家誉为避实击虚战术的典范，开创了我国战争史上早期的战略大迂回战例。这场战争无论是战术决策，还是战役指挥都达到了超乎寻常的地步，是中国历史上难得的一场大迂回机动战争。军事家司马错克服烟瘴虫蛇，鸟道险苦，从公元前301年开始，他厉兵秣马从成都平原直捣楚国后门。

昭襄王二十七年（前280年），左更错和司马错同时出现于攻楚的战场上。错从南阳出发，司马错发兵蜀地。司马错命秦军绕过楚国在秦楚边境的大军，直接攻占楚国黔中郡，楚顷襄王被迫献上庸和汉水以北地区给秦以罢兵。由于历史记录得语焉不详，我们读这段历史，难免打心眼里敬佩一年之内司马错连轴转，从两个方向连续出兵，真辛苦。两次不同战场的攻楚之功，司马错独领风骚，左更错感到好气哦。

这场误会随着上郡兵器铭款释读，已经开始被澄清。学者们开始意识到司马错连轴转的状态有些情理不通，开始怀疑司马错、左更错究竟是不是同一人。史书记载的人物难免有张冠李戴的讹变，仔细读过《史记》我们会发现，除太史公自序章节外，称司马错时不省略其姓，称错的时候不称其姓。自从公元1273年胡三省注《资治通鉴》开始，错与司马错才越来越被混为一谈。

兵器铭款为大人物正名的同时，也把一些小人物卷了出来。物勒工名文字行尾是具体工人，考古出土的实物多了，按照制器年代排排序，竟然还可以看出他们起起伏伏的一些人生变故。比如这位骑，是昭襄王时代上郡下属漆垣县兵工厂的小工人，昭襄王十二年（前295年）、昭襄王十三年（前294年）的多批次铜戈上注明身份是"更长"，到了昭襄王十五年（前292年）却成了"隶臣"。

更人，受刑的官奴；更长，小组长，更人之长，从刑徒中挑选指定的小头目[1]；隶臣，男罪犯，被强制在包括官府、官办、手工业等不同场所从事劳役。从昭襄王十二年到十五年（前295~前292年），骑越混越差，小组长被撤，再次沦为普通罪犯，似乎这个家伙劳动改造的结果不尽如人意。

　　禀衣者，隶臣、府隶之毋妻者及城旦，冬人百一十钱，

　　夏五十五钱。（《金布律》）

---

① 俞伟超.古史分期问题的考古学观察[C]// 俞伟超.先秦两汉考古学论集.北京：文物出版社，1985.

秦代的囚衣为统一的赭色，冬夏各有一套。囚衣并不免费，需要自己交钱购买。发放办理时间规定为冬衣在九月到十一月，夏衣在四到六月，逾期不候。罪犯如要从官府领取衣服，则每人各按冬衣、夏衣的不同价格交钱。明码标价，成年男囚夏衣55钱、冬衣110钱，成年女囚夏衣44钱、冬衣55钱，买不买随意。隶臣妾中因老弱及年幼而不能自备衣，官府则按最低的标准发放。这条关于囚犯穿衣问题的秦律，对研究古代恤刑悯囚思想非常有用。

悯囚是中国古代监狱制度的组成部分，是文明发展的重要标志。秦法严苛，细如羊脂，多如牛毛，以致穿赭色囚服的人壅塞了道路，但秦法实践中完全不排斥悯囚，对普通囚犯多多少少有些"人道主义"精神，比如以劳役抵偿赀赎债务的那帮人，农忙时可以放假，一年可以回家40天。骑以罪犯之身依然可以兵器上有名，正是悯囚制度的体现。

秦国隶臣的刑期，有学者说是无期，有学者说只有三五年，我期望骑很快刑满能回家，没有什么能比回家更让人开心。他摸摸兜里的几枚半两，放弃了置换冬装的打算。那个时候毛乌素沙漠的寒风并不像2000多年后一般凛冽，有一件赭色苎麻夹衣也能凑合过冬了。

君臣一梦，今古空名。但远山长，云山乱，晓山青。（《行香子·过七里濑》）

最终，我对秦兵器的好奇心落点在了诗句里。

第五章

从兵马俑发散开去

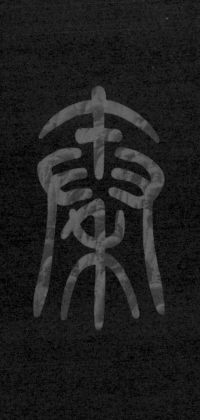

31

友谊的小船说翻就翻

公元前 3 世纪到前 2 世纪，古代中国处于整合时期，从西周大小封国 1000 多个到春秋五霸、战国七雄，今天你打我，明天我打你，友谊的小船说翻就翻，翻脸比翻书还快。

岂曰无衣？与子同袍。王于兴师，修我戈矛。与子同仇！
岂曰无衣？与子同泽。王于兴师，修我矛戟。与子偕作！
岂曰无衣？与子同裳。王于兴师，修我甲兵。与子偕行！

（《诗经·秦风·无衣》）

这首秦国的诗是一首战歌，创作的具体年代已不可考。秦襄公七年（周幽王十一年，前 771 年），周王室内讧，导致戎族入侵，攻进镐京，周王朝土地大部分沦陷，秦国靠近王畿，与周王室休戚相关，遂奋起反抗。据说此诗似在这一背景下产生，三段文字激昂慷慨，朗诵起来荷尔蒙爆棚。

《无衣》全诗表现了秦国军民团结互助、共御外侮的高昂士气和乐观精神，正是秦人爱国主义精神的反映，这样理解也没错。但是，公元前506年的一天，唱起这首歌却和共御外侮毫无关系。

那年的某日早朝刚过，一个衣衫褴褛、行色匆匆的男子奋力冲破重重阻拦来到刚刚下朝的秦哀公面前，一边行大礼，一边用焦急的语气向秦哀公大声禀报说自己是楚国的大夫申包胥，目前伍子胥率领的吴国军队随时可能攻下楚国都城，楚国危在旦夕，"救救楚国，救救楚国"！

秦哀公从自身利益出发，考虑是否应该支援楚国。假如此次楚国被吴国所灭，秦国刚好可以趁着这个机会向东部扩张势力，但是当前北方边境急需增兵，秦国兵力也很紧张。于是，秦哀公婉拒了申包胥的请求。

申包胥听罢竟然当即号啕大哭，哭声伤心欲绝，难掩绝望悲痛之情，以致殿堂内所有大臣都为之一颤。但这关秦国什么事呢？出于国家利益考虑，秦哀公表情冷漠地离开了。

申包胥走投无路，唯一能做的就是"立，依于庭墙而哭，日夜不绝声，勺饮不入口七日"。站在墙根边，水米不进，哭、哭、哭，哀求、哀求、再哀求，七天七夜。既是死缠烂打，也是精诚所至，秦哀公最终答应出兵，因此解救了楚国。

秦军出兵前，秦哀公九顿首而坐，领唱了《无衣》，秦、楚两国共同演绎了"暴力的温度"。

皇天之不纯命兮，何百姓之震愆？

民离散而相失兮，方仲春而东迁。

......

（战国·楚·屈原《哀郢》）

　　《哀郢》是屈原的《九章》之一。屈原当红于楚怀王继位早期，受破格提拔，操刀楚国变法。之后，楚国打魏国，灭越国，开疆扩土，纵横家苏秦曾言"纵合则楚王，横成则秦帝"。但是楚怀王在位后期，却在和秦国的较量中屡屡处在下风。公元前 299 年，秦国攻占了楚国 8 座城池，秦昭襄王约楚怀王在武关会面。楚怀王不听昭雎、屈原劝告，决定前往武关，结果被秦国扣留。秦昭襄王逼迫他割地保命，意图达成挟持楚怀王轻松拿到楚国领地的夙愿。

　　楚怀王被扣留期间，楚人立太子为王，是为楚顷襄王。新王元年"（秦）大败楚军，斩首五万，取析十五城而去"。秦军沿汉水而下，郢都震动，屈原随流亡百姓一起东行。一幅幅悲惨的画面，一幕幕夺人心魄、催人肝肺的情景，罪魁祸首就是那个曾同仇敌忾的秦国人。

　　物竞天择。没有永恒的朋友，也没有永恒的敌人，只有永恒的利益。

　　那个永恒的利益是什么？

　　从远古时代的黄帝战蚩尤，大江南北的古国领导者们踌躇满志，朝气蓬勃，有着很强的探索远方、相互交流的欲望。他们努力开展远距离交流，获得远方的珍稀物品和神圣知识，这样的交流催生了一个在地域和文化上均与各个历史时期的中国相契合的文化共同体，因此被称作"中国相互作用圈"和"最初的中国"。

惠此中国，以绥四方。（《诗经·民劳》）

人民实在太劳苦，但求可以稍安康。爱护京城老百姓，安抚诸侯定四方。毛传："中国，京师也；四方，诸夏也。"《集解》："刘熙曰：'帝王所都为中，故曰中国。'""择中立都"，因"中"具有"中正""中和""中央"的内涵，"中"是相对"诸夏"与"四方"之东夷、西戎、南蛮、北狄。

一天下，财万物，长养人民，兼利天下，通达之属，莫不从服……（战国·赵·荀子《荀子·非十二子篇·第六》）

国家统一、民族团结、社会安定的大一统精神，是中华民族文化的内核和灵魂。统一天下，裁断万物，养育人民，同时有利于天下，凡是贯通达到的类别，没有不服从的。

秦始皇一生的功绩，以建立一种新体制、实现大一统居首。这种体制从表面上看是领土的统一，实际上人文思想的"统一"更重要。

作为一种"状态"或"制度"，"大一统"是断断续续的；而作为一种"理念"，"大一统"却从未中断或破碎过，越来越渗入到中华民族的文化血脉中，成为中国国民性中难以割舍的重要组成部分。在此之后，经历过太多分分合合的中国人反而更加珍视"大一统"的理想，而把实现中国的政治统一当作推动国家兴旺发达的首要途径。

由于"大一统"思想渗入中国人的意识深处，在对重要历史人物作评价时，人们往往把是追求和顺应"一统"还是企求"分裂"当作一个重要的尺度。推动"大一统"的人物，就能得到正面的评价，反之，则往往会遭到指责。作为第一个造就"大一统"局面的君主，秦始皇受赞誉的根本原因即在此。

这又让我想到了唐代。唐朝是非常开放、胸怀广阔的时代，"安史之乱"之后一如既往，并没有改弦更张去怪罪异族。公元847年，黑衣大食李彦升被保举参加科举考试，得到宣宗李忱特别允许，结果李彦升竟然成功了，成为当时的22名进士之一。

黑衣大食是阿拉伯帝国的第二个世袭王朝阿巴斯王朝，国旗系黑色。李彦升是第一个参加"科举考试"并取得功名的外国人，这个结果令朝堂上一片哗然，反对之声此起彼伏。吏部尚书卢钧勃然大怒，他说："以地理位置来说有华夷之别，文化难道也有华夷之分？华夷是在心，是在跟我们中华文化所倡导的礼义是否相符合，而不是在语言、在地理上。有的人出生在中华，却不知书、不知礼、不知义、不知廉耻，这叫'形华心夷'。有的外国人正好相反，这叫'形夷心华'。李彦升就是这样的人。"最终，宣宗将李彦升推荐到了翰林院成为一名翰林。大约30年后，崔致远也参加了科举考试，他们两个人共同谱写了大唐胸怀的高歌。

兵马俑使我们置身于秦朝，更使我们置身于民族统一的历史洪流。秦汉时期是中国文化基因的形成期，其中可以看到区域文化、民族文化以及外来文化等多种元素的身影，大一统政治格局下异彩纷呈的文化特性，浓缩了中华文明不泥古的发展精神，浓缩了跨地域和民族至大无外的天性，这些让以兵马俑为代表的一部暴力历史有了温度，有了合理性和必要性。

武力征伐不代表秦文化，更不是中华文明。要真正看懂兵马俑，首先不能揪住秦始皇指挥千军万马这个点大肆渲染，应该去多了解兵马俑及兵器所体现的包容性、多元性，这才是秦文化更真实的面貌。多元、包容，当时的文明尚达不到严丝合缝、整齐划一的程度。真人真马大小的陶俑属首创，总量多，单个形体大，多地、多机构人员各自为政，自创体系予以完成；箭镞属于军事耗材，弓弩性能不一，金属合成的精度全靠经验把控，从地方到中央各工室分别铸成后源源不断地充实到武库。

32

让他们叶落归根

人们常说秦始皇陵兵马俑是雕塑史的典范之作，它使我们仿佛置身于秦朝，看到了雄才大略的秦始皇正指挥着千军万马，完成着统一六国的伟大事业，为世界了解中国古代文明提供了有利的条件。然而，中国古代文明是什么？

文明应该是善意行为的表现，文明与粗鄙的距离就是把人当人。秦法严苛，秦政暴虐，秦军气吞山河，秦始皇南征北战，整个秦国车辚马萧，这怎么能算得上是善意的行为呢？

读《史记·秦本纪》，有一个直观的感受就是秦军在战场上的斩首数量极其惊人，粗略统计从商鞅变法到秦始皇继位，秦军屠刀下砍了差不多140万颗头颅。如果兵马俑体现了秦代强大的军事力量，也可以换一个词叫穷兵黩武，今天又有啥可值得宣扬的呢？

看懂兵马俑只是打开了秦文化的一扇窗，透过一扇窗期望能看到全相显然不现实。而随着考古发现不断更新，多扇窗户被打开，别样的风景开始频频浮现。

在纸张未普及的时代，公文的载体是竹简或木牍。为了保密和以备检核，文书以绳捆扎，在绳结处加检木，上封盖有胶泥块即"封泥"，封泥上钤印的文字体现了公文发出方的官职。当这样一些封泥或官印出现的时候，看着"南乡丧吏""宣曲丧吏""丧尉""冢府"的文字，一股人道主义之风带着温情扑面而来。

这几枚封泥和官印大多出于私人藏家，并无更多出土信息。南乡是地名，宣曲为宫殿名，官职"吏""尉"与职能"丧"结合，此类官职肯定与丧葬相关。这些官职之间有分工，有协作。丧吏对接宫殿、乡邑，丧尉负责军队，"冢府"专管茔坟。前两者只承担将棺材连同尸体运回故土，入土事宜转而由后者执行。上下两端相互衔接，最终实现让那些死于异乡、建设国家、保卫国家的人能魂归故里。

职丧掌诸侯之丧，即卿、大夫、士凡有爵者之丧，以国之丧礼，莅其禁令，序其事。（《周礼·春官·职丧》）

官方管理丧事，始自西周的职丧。此职主管诸侯、卿大夫、士等有爵位之人的丧葬礼仪及相关事务。秦时的"丧尉""丧吏"职官袭周制并进一步发展，涉及的人群已经普及军人、漕卒、黔首、司寇、隶臣妾，比周制更宽泛、更平民化。

令曰：诸军人、漕卒及黔首、司寇、隶臣妾有县官事不幸

死，死所令县将吏劾〈刻〉其郡名槥及署送书，可以毋误失道回留。(《岳麓书院藏秦简》)[①]

军人、漕卒、百姓、罪人活着的时候身份、地位不一，有的属于官府事务的管理者，有的属于被管理者，总之算是为国家效过力。这些人不幸过世，秦令明确应当为其提供容身的棺材，让死者回乡落叶归根，并提出具体步骤和要求。由死亡地县府及时核查身份，登记属郡、姓名，出具送往死者故乡的文书，配置槥（粗陋的小棺材），不能耽误、迷路或滞留。

卅一年七月辛亥朔甲子，司空守☐敢言之：今以初为县卒厮死及传槥书案致，毋应此人名者。上真书。书癸亥到，甲子起，留一日。案致问治而留。敢言之。章手。(里耶秦简)[②]

☐死，【槥】未到家。(里耶秦简)

基于此，秦始皇三十一年（前216年）七月十四日，司空守这个人曾拟写了一份公文：有一位县级单位的小厮，死亡及传槥的相关文书缺失，特此上报，盼复！

文书即工作留痕，一方面作为死者返乡的凭证，另一方面也为所服务机构保留记录，留存档案。至于棺木，死者生前如果是内史、吏及低级官吏以下等从事官府服务的人员，由县府负责置办，棺材高三

① 陈松长，主编．岳麓书院藏秦简（伍）[M]. 上海：上海辞书出版社，2007.

② 陈伟，主编．里耶秦简牍校释（第一卷）[M]. 武汉：武汉大学出版社，2012.

尺（合今 69.3 厘米），宽一尺八寸（合今 41.6 厘米），长六尺（合今 138.6 厘米），棺木厚度不能超过二寸（4.6 厘米），没有棺木的，为其买棺出丧，棺材要密封效果好，用绳子捆束不至于断裂散开。

县府服务人员和战士均为成人，棺长六尺明显与成人身高不符，宽仅能容下一人平躺，空间狭小，薄棺一口。这并不是政府小气、办事吝啬。秦人实行屈肢葬式，习惯把遗体肢骨屈折，使下肢呈蜷曲形状入殓，需要的葬具本来就短。

按照死亡人员的职位高低、身份差异，政府出面去棺材铺买棺出丧。棺的大小、厚度如果超出或不达标，会被视作不按律令办事，对应有处罚、追责。落实此类事务，丧吏们要从大处着眼。这关乎前线士气，关乎国家稳定；还要从小事做起，棺木规格与丧者身份对等，这关乎法律制度的严肃性和落实程度。总之，站位要高，不以个人好恶来决定。由于有需求，当时的市场有棺材铺。

> 是月也，天子始裘。……饬丧纪，辨衣裳，审棺椁之厚薄，营丘垄之小大高卑薄厚之度，贵贱之等级。（战国·吕不韦《吕氏春秋·孟冬纪》）

结合《吕氏春秋》所记，有一点还是有必要明确。政策的人性化和程式化，服务面的宽泛化、平民化，依然要依礼。棺椁厚薄、坟墓大小依然还得遵从尊卑等级。

> 于是缪公乃自茅津渡河，封崤中尸，为发丧，哭之三

日。（西汉·司马迁《史记·秦本纪》）

早在春秋时代，秦国对战死的士卒已有一套发丧的流程。公元前627年秦晋崤之战，秦穆公刚继位，受战败条件限制，没有及时运回士卒尸体。一年之后秦军一雪前耻，穆公对死亡的士卒重新安葬、树封，国丧三日。秦军队的士卒在战争中冲锋杀敌，义无反顾，除了"军功爵制"的刺激外，士兵后事的安排解除了他们的后顾之忧，政策的人性化和程式化功不可没。

秦时对政府机构的服务官员、士卒等突然死亡的管理，采用法律规定、强制执行的方式，是出于"体恤"为国家服务的人员，解除他们的后顾之忧，保障其全身心为国家服务，是朴素的社会保障理念在秦律中的体现，更是秦国综合国力提升的保障措施。

这些冠冕堂皇的总结似乎并没有说清楚为什么要这么做，用心理学理论来剖析数句或许更接地气。经历创伤事件后，容易产生难以承受的情绪，"送他们回家"的仪式富有仁爱感，是处理这种情绪的手段之一，可以帮助人们改善自我责怪、自我羞耻等负性情绪。

"暴秦"有这样的另一面，是否有助于我们解开一点点"秦国为何会统一天下"的疑惑呢？

"汉承秦制""百代皆因秦法政"，战时军士阵亡，或从事官府服务的人员的死亡，有国家托底处理后事，这一温情的制度依旧传承到了后代。

（八年）十一月，令士卒从军死者为槥，归其县，县给衣衾

棺葬具，祠以少牢，长吏视葬。①（东汉·班固《汉书·高帝纪》）

汉高祖八年（前199年）下令为士卒从军死亡者，提供棺材，并将尸体运回故地，包括死者入殓的衣服、棺椁葬具、祭祀仪式等都由当地县级单位负责。即使士卒死亡太多，运送尸骨的车辆接连不断，给政府带来不小的负担，带亡灵回家也必须落实到底。

西汉初年皇帝下诏给丞相、御史，对家在关外而死于关内的官府服务人员，由官府负责收尸入殓，不能放置违反律令的物品，以县令或县丞的官印封护棺木，并开具文书。以官印封护棺木，主要是为了出入关口查验，最终送死者回乡。中途查验，若发现运送死者的棺材内藏有违禁物品，就要受到处罚。

卢钧，唐朝人，唐书中有传，籍贯京兆蓝田（今陕西蓝田）。历任文宗、武宗、宣宗时期数道节度使，多有政绩。在任岭南节度使期间，对自从贞元年间（785年正月~805年八月）以来有罪流放到岭南的大臣，因故至死不能还乡者，卢钧减省俸钱营办棺椁，送他们的衣冠还乡以葬。

送死者衣冠以还乡，形成意识上的魂归故里，于是有了衣冠冢。2008年北京市密云区第七中学建设过程中发掘出古代墓葬57座，属于辽金时代的墓葬24座，其中小型砖室墓一般为火葬，少量用陶罐作为葬具，还有一部分仅存长方形土圹，不见葬具、人骨、随葬品，发掘者认为属于"迁葬墓"。当然，考古发现的迁葬墓包括二类：一是二次葬，能看到的现象是骨骸移位或残缺不全；二是衣冠葬，即所谓的"空墓"，因为物品早已腐朽，只留下空空如也的墓室。

---

① 班固.汉书[M].颜师古，注.北京：中华书局，1999.

33

历史的接力棒

　　看秦朝的实相，如果只从兵马俑发出，难免眼中只有大秦帝国的伟大。哇哦，陶俑好雄壮，兵器好锋利，修陵人偶然"嗨皮"好有趣，能操细笔画睫毛的漆工好雅致……林林总总，那些有关秦始皇的东西样样绝妙，个个顶尖。

　　转场于秦故都咸阳城遗址，孤芳自赏、只见树木不见森林的过去令人羞愧。当我们站在咸阳塬上远眺，重峦叠嶂的终南山、或隐或现的九嵕山、枝枝杈杈的渭水、曲曲弯弯的泾河和晚霞的一抹胭脂红，风儿带着汉代的、南北朝的、唐代的……上下跨度几千年时光的遗物破土而出，摩挲着它们，似乎在翻阅着一本大部头的有关"金石为开"的巨著，秦帝国在书中只占了不足一页，秦始皇只占了百字。翻页之后，历史继续向前，内容同样精彩。

　　紧握秦代多民族国家统一的接力棒，西汉帝国很快冲进文景盛世。文、景二帝吸取前朝徭役繁重、官逼民反的教训，实行无为而治，鼓励国民居家种地，促进经济建设，一幅慢节奏生活的情景代替了秦代全民化地疲于奔命。紧接着，汉武帝如秦始皇一般攘夷拓土，国威远扬，留下一份殷实遗产之后传位于幼子刘弗陵。

汉昭帝刘弗陵继位时年仅 8 岁。为了他能坐稳皇位，汉武帝不惜立子杀母，逼死了赵婕妤。在霍光、金日磾、桑弘羊等的辅政下，昭帝任期内大汉朝"百姓充实，四夷宾服"。元平元年（前 74 年），刘弗陵英年早逝，葬于平陵。

公元 2001 年，一阵阵挖掘机声打破了安宁静谧了 2000 多年的平陵，一条二级公路正待从平陵两冢之间穿过。作为一处国家重点文物保护单位，文物部门在公路修筑之前对路基范围内进行了勘探，发现

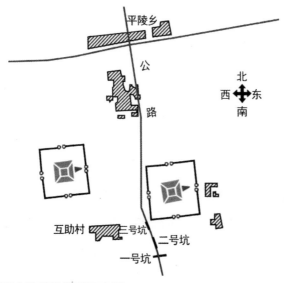

▲ **平陵和三座陪葬坑平面示意图**
修建的公路从三座俑坑中间穿过

了 3 座大小不一的陪葬坑，随即不得不进行了发掘。

3 座坑出土的文物太不同寻常。

一号坑全长 105 米，清理完棚木后，发现了整整一层被淤泥漂浮起来的漆木马，以及小型的铁戟、铁剑、铁刀、铜印章、整齐成箙的铜箭镞、长柄兵器下端的铜镦、成串的铜钱等物品。局部清理到底后，骑兵俑和战车显露出来。骑兵俑和战车一律面向帝陵所在的北方，骑兵俑南北向一列 4 骑，排列得非常紧密，一个挨一个，估计全坑骑马总数不会少于 2000 骑。

二号坑埋葬的是供皇帝役使的力畜。整坑长 59.2 米，坑底两侧有54 个动物圈养室，拱形顶长方形洞室两两对应开凿。洞室狭小局促，弯腰钻进去，突然眼前出现数量庞大的一堆白骨，一头头大型哺乳动物俯卧在面前，它们包括骆驼 33 峰、牛 11 头、驴 10 头。骆驼和牛用铜环做挽具，驴用铁链拴着[①]。

骆驼和牛的体型非常高大，其中一峰骆驼经测量其站立高度超过2.3 米，把这些"巨兽"放进窄小的洞室，"如果是你，需要几步"？

将自己置身于此情景，推测所见的成因，考古发掘中这类提问很多。洞小难以容纳多人搬运，汉代工匠们利用惯性原理，第一步把洞室底部修出斜坡，第二步把已经杀死的动物放在木板或板车上，第三步推进洞口顺坡倾倒，然后用木板和土坯封门，共计四步。

骆驼在关中地区可是稀罕物。世界上现存的骆驼有两种，单峰驼原产于阿拉伯地区，双峰骆驼原产于我国新疆，对西汉臣民来说都是

---

① 李明，邢福来，谢高文，张明惠. 汉平陵陪葬坑发掘记 [J]. 文明，2002（5）：108−123.

"奇畜"，汉武帝派张骞出使西域才将骆驼带入中原。昭帝陪葬的骆驼可能是西域进献朝廷的贡品，饲养于园囿中，供皇室役使或观赏。

这些骆驼的犬齿非常发达，长有五六厘米，一度被误认是种食肉动物。帝王陵园陪葬珍禽异兽，被动物考古学家誉为"地下动物园"，犀牛、大熊猫、金丝猴、仙鹤、鳄鱼……天上飞的、地下跑的、水里游的都可能出现，甚至有些物种现在已经灭绝，比如秦始皇祖母夏太后陵园内有"中华帝王长臂猿"。

三号坑放置供皇帝乘坐的车驾。清理出的5乘木车，其中两乘保存基本完好而且非常罕见，一乘为按比例缩小的车模型，拉车的是木骆驼4峰，另一乘为实用车，拉车的是4只羊。

我们熟悉丝路驼铃。骆驼被誉为"沙漠之舟"，往来于丝绸之路上的商人们，或将货物架于驼峰上载重，或在双峰间铺上花毯骑行，何曾想过骆驼竟然可以驾车？这情景不但未见记载，而且也从未发现过实物。而以羊拉车看似好笑，其实历史悠久，有成语"羊车望幸"，见证了一个王朝的兴盛和覆亡。

羊车，一名辇车，其上如轺，伏兔箱，漆画轮轭。（《晋书·舆服志》）

羊车是西晋皇帝专用的车辇，属于轻便型小车，车轮和车轭等部位髹漆绘彩。两汉之后，魏、蜀、吴三国鼎立，华夏各地再次分崩离析，战火纷飞。公元265年西晋建立，晋武帝司马炎太康十年（280年）又一举扫平了东吴，从此结束了自董卓之乱后长达91年的分裂局面。江山已定，大业垂成，欲望如同洪荒之兽将司马炎吞没，后宫美女一下子激增近万人。羊车拉着司马炎到处逛，羊停到哪儿他就幸哪儿，省了翻牌子拣择之劳。女子们为了受到恩泽会在自己门前插竹叶，洒盐汁，诱惑那只决定她们一生命运的羊。

这些争宠的女人，除了来自下诏选美，一部分掠自原东吴孙皓的后宫，又是一个秦始皇掠六国女子的同案例。

昙花一现的统一局面消失于建兴四年（316年），匈奴大举进攻长安。晋愍帝司马邺依然乘坐羊车，却是光着膀子，抬着棺材，带着国家祭天的礼器玉璧出降。群臣攀拽着羊车，拉着帝王的双手，喊着"皇上，皇上"哭声一片。

从此以后皇帝再不乘羊车。从汉昭帝到晋愍帝，羊拉车有来龙有去脉；昭帝陵和所有西汉帝陵一样大量使用陪葬坑，直系根源始于秦始皇。秦始皇采取真实大小比例的明器，以壮观见长；西汉以后一律缩小，气势见细但以量取胜。它们的性质和作用完全相同。

秦始皇修陵35年，动用人力70万人。汉昭帝在位时间虽然不长，但陵园规模也绝不逊色，光是从渭河滩上拉沙子，就雇用了牛车3万辆。在平陵冢之间曾经有一条东西向的道路，长约100米，道路两旁相距约2米，各埋了成组的玉饰。每组玉饰中间为一玉璧，外有7或8个玉圭围绕。这种遗迹很可能与当时的祭天活动有关，也反映了昭帝葬礼的隆重与奢侈。

强盛繁荣的西汉王朝先后有11位皇帝在位，他们死后都埋葬在都城长安附近，他们的陵墓统称"西汉十一陵"。文帝的霸陵在西安市东郊，宣帝的杜陵在西安市南郊，其余的9座帝陵东西向排列分布在

▲ 鎏金当卢

　　薄太后南陵外藏坑出土。鎏金，与承弓器、伞盖构件及各种车身构件同出。大量运用技法，纹饰、图像精美异常，是汉代高等级墓葬"外藏"制度的重要物证

　　渭河北岸的咸阳北原上，平陵是自西向东数第二座帝陵。

　　帝王陵墓墓室空间有限，放一些金银细软和死者生前喜爱的东西，大批国家体制的象征物放在陪葬坑，被称"外藏系统"。军队、车驾、仆从、牲畜、日用器皿等，可谓五花八门、应有尽有，数以万计。11座帝陵哪怕只发掘一座，势必都会有一大堆好东西。

　　赶快剃掉贪念的心魔。真正的考古工作者不会为了获取好东西而去发掘任何墓葬。被盗了或者在基建中偶然被发现了，出于保护目的不得不进行发掘叫"抢救性考古发掘"，比如江西南昌海昏侯刘贺墓①。

────────────

①　刘贺于元平元年（前74年）接替昭帝，在位仅27天，因荒淫无度、不保社稷而被废。

2001年，西安市东郊江村有大量汉代文物被盗，6件黑陶俑很快出现在美国一家拍卖行。我国政府一方面通过外交途径及时进行交涉，一方面启动江村大墓考古工作。2021年，陕西省考古研究院官宣：江村大墓为霸陵，墓主是汉文帝刘恒及皇后窦漪房。

刘恒是高祖刘邦的第四子，西汉第三代皇帝，生母是薄太后。消息一出旋即登上热搜，"挖挖主墓"的杂音再起。白鹿原上，那群考古人却心无旁骛地发掘很小一部分外藏坑即罢。他们说，文帝改选白鹿原为葬地，有效仿秦昭襄王与生母宣太后别葬的原因，有幼年缺失父爱的情绪，有对东方自己封地的挂念。总之，陵园选址表象背后讲述着这位天子的感情故事。

> 治霸陵皆以瓦器，不得以金银铜锡为饰，不治坟，欲为省，毋烦民。（西汉·司马迁《史记·孝文帝本纪》）

霸陵的外藏坑非常简朴，没有太多的贵重物品，很少有金银器物，而其母薄太后陵的陪葬坑埋藏品有金银器，这是因为文帝遗诏吩咐过依山为陵、不封土、不埋金银铜锡；又因母亲对他舐犊情深，他对母亲羊羔跪乳。

考古证明了文帝所愿、所念，足矣。

34

汉惠君的心爱物

　　从秦始皇设丽邑开始，西汉有 5 位皇帝照搬了陵邑建制，其中包括昭帝平陵所属的平陵邑。平陵邑的居民来自全国各地，家底资产起步百万，先后两批被迁至此地。石氏与罗衰便在其中，他们在长安与巴蜀间经营大宗商业，几年间获利千余万；如氏、苴氏也在其中，他们被誉为"天下高訾"，稳居富人榜首。

　　平陵邑又是一座文化之城，谈笑皆鸿儒，往来无白丁。魏相、王嘉、平当、平晏、韦贤、朱云、窦武、何敞元……一大堆政界、文化界名人即活跃在此。比如韦贤（前149~前60年），籍贯鲁国邹县（今山东邹城市），声誉卓著，远近知名，汉昭帝拜他为师并授五经博士、给事中，迁光禄大夫、太子詹事、大鸿胪。大鸿胪类似今天的外交部礼宾司，西汉诸侯王、列侯和各属国的君长，以及外国君主或使臣，都被视为皇帝的宾客，所以与此有关的事务多由大鸿胪掌管。韦贤在宣帝时期担任过 5 年的丞相，地节三年（前 67 年），他以老病为由光荣退休，汉宣帝念其劳苦功高，赏赐 100 斤黄金。

在平陵邑故地今咸阳市郊马泉村，2000 年前住着一位名惠君的男子①。他腰间悬挂"垣宫""惠君"两枚印章，表明了名讳和学籍②；很富有，带着大量物品走到了另一个世界。墓葬总长 10 余米，按照祭品、生前用品、明器三大类，埋下了陶、铜、铁、木、竹、漆、玉、琥珀、玛瑙、琉璃、水晶、蚌、金、银器 200 多件遗物，数量多，种类全，人情味浓，文化元素丰富。

惠君家有充足的粮食。11 个半人高的陶瓮装满谷子、高粱、糜子、大麦、荞麦和青稞，每一瓮至少有上百斤。除了关中地区常见的五谷之外，耐寒性强、适宜高原寒冷地区生长的青稞来自何方呢？

同墓出土的饰品泄露了天机。27 件绚丽多彩的玛瑙、松石、琥珀、水晶组成的串佩是他和夫人的心爱之物，尤其是那枚蚀花石髓珠，即使在今天也被视为宝物。藏民称它为"天珠"，认为是天降之物，有穿越人类时空的魔力，经常被用作供佛和护身。

蚀花石髓珠属于玉髓（Chalcedony）类矿物，有黑色和肉红色两种颜色，表面有人工蚀刻的白色不规则花纹。它最早见于印度河流域哈拉帕文化（Harappa Culture）的昌胡·达罗（Chanhu Daro）遗址。这个遗址位于今巴基斯坦旁遮普省原拉维河流域，鼎盛时期大约在公元前2600~ 公元前 1900 年，考古学家在此发现了制造珠子的作坊。随着欧亚大陆经济文化的交流，蚀花石髓珠传播广泛。制作技术也有传播的

---

① 咸阳市博物馆 . 陕西咸阳马泉西汉墓 [J]. 考古，1972（2）：125-135.

② 诸侯的学宫。

▲ 蚀花石髓珠

汉代惠君墓出土。现藏于咸阳市博物院。

长 2.5 厘米，体呈枣核形，两端平，中部有一圆穿，黑底上有白色斑

现象，近东、东南亚都可能存在制造工场，这对认识发现于中国的蚀花石髓珠的来源十分重要。

在中国，蚀花石髓珠主要发现于西部和南部沿边地区，由于一直没有找到相关制造遗址，所以推测属于舶来品。从春秋晚期至唐代，从恒河流域的古印度至华夏内地，小珠子沿着不同的交流路线几经辗转，深得人们喜爱。来之不易，物以稀为贵，它们不仅起着装饰作用，一定还有社会身份和财富的象征意义。

从公元前 138 年开始，汉武大帝派出使团、兵团，以贸易和战争两种方式打通了丝绸之路。其中有一部分通道经帕米尔高原西行，再折向南部通往印度。伴随着丝绸、茶叶等物产的外输，蚀花石髓珠等一批外来物品被带到了西汉贵族人家，成为中产小资人士的饰物。

曾经，强悍的秦军被西北部族折腾得毫无办法，除了修筑长城消极防御之外，秦始皇被"灭秦者胡"的传言闹得六神无主。曾经，汉高祖刘邦被冒顿单于困在白登山，40 万精锐围住汉军七天七夜。曾经，文帝刘恒只是诏令边郡严加守备，募民徙塞下，像只鸵鸟缩起脖子求一时安稳。只有到了汉武帝，局势才有所改变。

汉武帝采取的措施之一：老虎不发威以为是病猫，打！发卫青、李广、霍去病以武力征伐；之二：派张骞为首的使团争取友好合作。

骞为人强力，宽大信人，蛮夷爱之……初，骞行时百余人，去十三岁，唯二人得还。（西汉·司马迁《史记·大宛列传》）

张骞以人格魅力和牺牲精神不负众望，使得西域诸国使者相继归汉，被司马迁誉为"凿空"的壮举成就了中西方外交的再一次高潮。

看到小装饰珠，看到大陶瓮里装满的青稞，尽管惠君的爱物体量很小，但其反映了中华民族与西方文化之间交流的史实，反映了世界文明各美其美、美美与共，反映了汉武大帝击败匈奴开疆拓土的最大功绩。惠君的遗物提醒我们即使站在秦始皇面前赞叹兵马俑，也要把镜头摇向更广、更远的地方去。

精神文化、物质文化的传播从来都没有全盘照搬，都存在取舍、替换、添加等改造形式，而取舍等基本原则表现为是否符合或接近接受方的价值观、伦理道德观、审美观、器用习惯等。不能为我所用，再好的东西白给也不要，所以接受方不是"弱势方""落后方""被动方"。

我们过去通常只关心强势的一方、输出方对于接受方的影响，实际上在受容过程中，接受方发挥出了积极主动的作用，甚至替输出方的文化产业或其他层面进行细微复杂的筛选、改进、重新编码、重新创造，引起输出方文化的调整或重组。逆向追踪一下惠君的那些外来物，还可以看看原生地文化又有了哪种发展变化，考古学研究的空间大得很呢！

惠君墓葬中还出土了很多漆器，其中有一个大漆奁。奁是秦汉时期常见的圆筒形的器皿，类似现在的收纳盒，用来放置零碎杂物。大漆奁表面髹黑漆，红漆彩绘又加贴金箔，做出了云朵、神兽、人、车、马等纹饰，反映了出行、狩猎、马术等活动场景。

两帧马术场景表现得很是惊心动魄。两位骑士分别做空中倒立和单脚站立动作，骏马膘肥体壮，四蹄腾空，加上四周围绕的缥缈云气，整个画面呈现了一种身姿如松、翩若惊鸿、婉若游龙的动感。马的空，骑士的稳，云气和骑士衣袖的飘，神仙般的快活。

类似图像还见于山东、河南等地的汉画像石。这些图像中，有的骑士双足站立在马背上，左手扬鞭策马，右手挥动流星索；有的马背上一人倒立、一人挥动长袖跳舞。根据服饰和身体特征，学者猜测骑士可能是"她"。

原来汉代女性这么"飒"！普通女性飒爽英姿、活力四射，无疑代表了文明的进步。女人也是人，不是可以随意处置的财产、玩具、生育工具。相对于秦始皇陵不见女俑，汉画像中的女性形象可谓是时代的一小步，文明的一大步，这种进步或者称为"人性的觉醒"是点滴的，不可逆的，只有文明足够进化，才会有女性根据自我意愿做选择的权利，才认可女人是人。

漆奁外表装饰精致，内边结构更精巧，3个小漆盒恰好归拢其中。小盒子玲珑精致，外表箍银釦、贴金箔，描红色云纹，里边分别放着木梳、粉包、针筒和铁针。放粉包的那个，高5.5厘米，边长3厘米，4个粉包一个比一个稍大，最小的直径0.6厘米，最大的直径1.6厘米。制作方法是先将粉用绸子包裹住，再用线扎住收口。我想这样的物件一定属惠君夫人所有。

有妆粉，自然要有照容的镜子。惠君墓出土了5面铜镜，镜背铭文中有"昭明""清白"字眼①。这些铭文与物勒工名无关，是吉祥祝词、相思情语和广告。清白以事君所体现的爱情，内质纯净、心灵美才能熠熠发光的人格，此类铭文表达了前所未有的人文情怀。

从先秦到汉代，带钩是系结腰带的主要方式，使用方便，亦可实现服饰点缀。有这样一件银带钩，现藏于南京博物院，曾亮相于中央电视台《国宝档案》，被誉为体现着"中国人的浪漫"。它出土自江苏盱眙县马坝镇大云山汉墓，是江都王刘非送给嫔妃淳于婴儿的定情信物。

这件定情物像兵符一样自中间一分为二。两个半扇的内壁，分别阴阳文刻有"长毋相忘"4个字。动人的情话安全地隐在钩身之间，这是只属于它主人的情深意切。

"长毋相忘""长乐未央"是汉代常用的祝福语。当年淳于婴儿嫁给江都王刘非，刘非也成了她的第一任丈夫。但4年后刘非病逝，

---

① 内清以照明，光日月兮。（昭明镜70号铭文减字）

清之以昭明，光而象夫日月，心忽扬而愿忠，然雍塞而不泄。（昭明镜72号铭文）

清白而事君，怨之合（弇）明，玄而锡之流泽，恐疎而日忘美，外承之京（景），思而毋绝。（清白镜73号铭文）

清白而事怨，污之弇明，玄锡之流泽，而恐日忘美弘（穷），外承可兑（说），霝愿而永思绝。（清白镜74号铭文）

▲ **汉代马术图**

　　惠君墓出土的漆奁花纹摹本。原器已残碎，残留朱绘纹饰。

　　上：一人单脚站立在马背上，右手扬鞭策马，左手挥动长袖；

　　下：马做奔驰状，一人持物倒立

此后淳于婴儿两度改嫁。几十年后，她带着"长毋相忘"银带钩入葬了刘非墓。应该说从那一刻起，两人真正生生世世长毋相忘，不再分开。"长毋相忘" 4个字道尽了一生百转千回的情思。哪怕此生已走到尽头，也不想忘记你。

大云山汉墓几乎把墓主人生前奢华精致的生活原封不动地搬到了地下宫殿中，真可谓金、银、铜、铁、陶、玉、漆木器各种器具一应俱全，礼器、乐器、兵器、生活器具应有尽有。随葬的兵器包括戟、矛、剑、铍、锥、弩机、箭镞、铁铤、铠甲等。一箙盛储300支镞，镞的品种有15种之多，几乎涵盖了当时远程和近程射击的所有类型，墓主人对兵器的钟爱和专业显而易见。一件铜铍更令人称奇，

▲ **"长毋相忘"银带钩**

大云山汉墓出土。现藏于南京博物院。钩体为龙首形，钩身错金，图案为流畅的圆涡形云气纹。它像兵符一样，自中间一分为二。内壁，分别以阴阳文刻"长毋相忘" 4个字

虽然距今至少已有2100年，但仍泛出幽暗的光芒，铍尖和锋刃似乎并没有缺损，尤其是表面布满的暗花纹，以往只见于春秋战国时期吴越地区所出的兵器之上，是吴越青铜兵器铸造中特有的绝技，制造技术早已失传。

以同样的金属铸造器皿，汉代的镜子、带钩和寒光毕现的秦戈、汉铍，似乎没有哪一个更应该被历史记住。

止戈为武，战争与和平驾驭着人类的历史、人类的文明滚滚向前。舞戈是为了止戈，这是秦始皇征伐六国的意义，是秦帝国建立的意义，是兵马俑军阵的意义。

35

华县东阳去"救火"

探未知，揭本源。陕西是华夏文明的发祥地之一，考古事业造就了如陕西历史博物馆、秦始皇帝陵博物院、汉景帝阳陵博物院、西安半坡博物馆等一批蜚声中外的博物馆。2022年5月，博物馆大家庭里又增加了一位新宠——陕西考古博物馆。

博物馆取名有了"考古"二字，特色就是围绕考古工作的理念、技术、方法铺开展线，将文物与出土背景相结合，以考古的视角解读遗址，勾勒出中国考古和陕西考古的发展脉络。在筹建这座博物馆的过程中，很多考古领队和我一样或多或少都经历了家长目送孩子高飞的骄傲和不舍。

骄傲，这是我挖的，我对它知根知底。不舍，因为它身上还有很多未解之谜。

博物馆一楼展厅一隅，灯光有些暗淡，4件铜器静静地待在那里。铜器出土于渭南市华县东阳乡。东阳乡位于华县境内最西南端，三面有沟，一面临山，非常偏僻，只有一条乡级公路穿过，交通条件比较差，这些因素对田野文物保护非常不利。2001年春，东阳墓地遭到疯狂盗掘，场面一度失控，社会影响极大。7月中旬，陕西省考古研究所与秦始皇兵马俑博物馆联合组建考古队，急赴现场"救火"。

第一次正式离开兵马俑坑，我成为"救火队"的现场负责人。"一片狼藉""触目惊心"，站在一条南北向深沟的西畔，这8个字堵在我胸口。人骨、动物骨骼俯身可拾，盗洞像一口口深井比比皆是。村民说盗墓现象已经持续多年，深夜咚咚的爆炸声像霹雳。

盗墓活动如此猖獗，盗墓贼会因考古队的到来而收手吗？我们会不会有危险？我没有想过这些问题，队员们也没人提过。开工后，盗墓分子围聚在墓坑边，颇认真地观摩"取经"。有时我落单了，他们会主动搭讪，"摩托车捎你吧，反正顺路"。即使遭到婉拒，也不气馁，一边陪着我走，一边询问墓葬时代、墓主身份、"铜货""玉货"估价多少合适。这时我没有意识到危险。

我们借住在村小学。师傅们与我的宿舍之间隔着空旷的操场。夜幕降临，师傅们把当天所获交给我之后，就四散各阴凉处歇息了。我敞开房屋后窗，趁着山风，将玉器、青铜车马器一一登记、入柜。偶尔，窗外小路上闪过手电筒的微光，是村上人在闲逛吧。这时我还是没有意识到危险。

有一天，一座被盗的小型墓葬中出土了一件青铜鼎。很快，整村人几乎都知道考古队挖出"货"了，我似乎意识到了什么，赶紧电话联系领队。他说："我马上联系安保部门，但是从现在起你必须保证时时刻刻和这件铜鼎在一起，吃饭、上厕所、睡觉都不能离身。"

这件铜鼎高 18.1 厘米，长方形鼎身，桥形立耳，四柱状足，重量不大，单手可轻松拎起。守着它像守着一枚定时炸弹，恐惧袭来，盗墓者亡命之徒，他们不会来抢吧？这个夜晚有任何一点风吹草动，我都会汗毛倒立。一只小老鼠趁着月光敏捷地爬上桌子，闻闻火腿肠，抓抓酸奶盒，那都是家人探班送来的稀罕物。我瞪眼看着它，想呵斥又屏住了呼吸，既希望它快点离开别啃食了火腿肠，又希望它能多滞留一会儿，分散一点我的紧张和恐惧。第二天一大早，领队就从宝鸡返回东阳，带来了一名专职保安，还携带了一支枪。

有惊无险，70 余天的"救火"工作终于安全结束了。此次工作共计钻探出周、秦、汉三期墓葬 101 座，发掘了其中的 63 座。其中一座西周墓葬挺大，南墓室埋人，平面呈方形，边长 10 余米，深 12 米，北墓室葬马，边长 7 米~8.9 米，深 4.5 米左右。这种人、马同坑而葬的现象，以前在西周墓葬中没有见过……电话那端，领导打断我的滔滔不绝，说：速战速决，赶紧安全返程。

就在准备"安全返程"之际，9 月 23 日，一位老人冒雨来到驻地。他身体瘦弱，满头白发，说自己是江凹村村民，以前曾做过教师。他们村前几天挖墓埋人时发现了"两件古董"，文物贩子正在诱惑当事人，承诺予以重金收购。

江凹村位于东阳村以东约 3 千米，两村之间隔着一条深沟，我们的工作没有涉及此。两个多月的野外工作，尽管我们都早已归心似箭，但看着老人满身的雨水，满脚的泥泞，满眼的信任，我们知道自己此刻代表的不是自己。最终两件青铜器，一鼎一簋成功收至华县文管会。这两件青铜器属于西周时期的遗物，说明东阳墓地的范围应该延伸到了沟东。

经过多方斡旋，11 月 11 日中午，艳阳高照，朗朗乾坤，带上保险柜和相对充足的物资，我们再次返回东阳墓地。车停在江凹村外的山路边，我们与一伙人狭路相逢、不期而遇。他们正在沿着麦田挥动着探铲找墓。看见考古队杀了回马枪，这些人顷刻鸟骇鼠窜。

也许，他们会放弃"要想富，去挖墓"的梦想吧？第一阶段工作有惊无险，让人庆幸，更让人心存侥幸。直到又一个难眠之夜的来临，让我知道了啥叫"铤而走险""穷凶极恶""狂悖无道"。

山村的夜晚非常宁静，只听到雪花拍打窗户的"簌簌"声。突然驻地大门被砸得咣咣响，然后是开门声、慌乱的脚步声和磕磕巴巴的说话声：值班人员被劫持，盗墓分子在挖东西。

严峻的文物安全形势，说不害怕绝对是色厉内荏。每次站在考古博物馆展柜前，其实我还会想起更多可怕的事——炭炉取暖曾使几位师傅煤气中毒；有大雪封路，蔬菜、肉断顿之后，厨师用买回来的"七步倒"老鼠药捉到了三只野兔，让大家打牙祭；有那些因地方病、腿脚不灵便的村民拽找绳索，在墓坑里爬上爬下；有最后撤离时，文物车无法进村，只能一箱一箱地抱着穿过雪地，人工搬运数千米……

相对于这些可怕的事，面对 4 件成为展品的铜器，我可能还有更多的不甘和不舍。因为被盗严重，条件不尽如人意，这份华县东阳的"救火"成绩就像是一份未完成的作业，许多问题依然扑朔迷离。比如西周墓葬，时代虽然历经西周早期偏早至晚期偏早阶段，但只有 3座对应着族群身份最高的人物的大墓，而且都属于时代最早阶段，这意味着那些人有点像昙花一现。

那些人是谁？

东阳附近有渭河的支流名叫"赤水"。赤，红色。在华县西南，传说有周成王分封的一个小诸侯国，名彤国。彤，红色。彤国存世很短，消亡后其地被称为"彤城""彤邑""彤地"，曾经秦孝公与魏惠王会晤在此地，秦国改革的大功臣商鞅也被杀于此地。

后来有学者否定了这个推测。他们认为这里是一处西周时期的贵族采邑，最初的人群尚武、好战，曾居存于泾河下游的彬县、淳化、甘泉一带，与北方民族关系密切。西周初年，他们被周王室认可、分封，迁居到了东阳地区。很快又被同化、控制，成为西周王朝的一员。至西周中晚期时，正如《孟子·离娄句章下》所说"君子之泽，五世而斩"，这个族群实力衰落，不再受到周王的重视与封赏，等级降低，最终变得寂寂无闻。

到底是彤国还是异族的采邑，我不知道。面对陈列在陕西考古博物馆的4件文物，我知道那些人曾经在东阳地区生活过，在中国历史中出现过，他们并非寂寂无闻。考古博物馆的展品有20万余件，4件文物在其中看起来是那么微乎其微，我知道它们想通过自己的喃喃细语，诉说着距今3000年前的东阳，这片偏僻的山脚下曾经有过一段辉煌，诉说着中华民族像滚雪球一般发展壮大的历程。

经常有人说"考古即盗墓"。社会上许多人缺乏考古学基本常识，分辨不清考古与盗墓的本质区别，本不应责怪他们。站在任何一件考古出土的文物如东阳出土的西周铜器前，想想我这些"不知道"和"知道"，如果还将考古与盗墓混为一谈，显然那就属于故意贬损考古，可谓歹毒至极。

结语

与《说说秦俑那些事——秦始皇陵兵马俑一号坑第三次发掘记事》一样，本书同样企图进行公众考古普及，略偏重于"解读"。解读兵马俑陪葬坑背后的种种端倪，比如兵马俑与中国传统礼制的关系，彩绘与早期彩陶、晚期漆器之间的传承关系，昭王与始皇两代兵器铸造与社会局势的对应关系，以及少年太子汉昭帝的巨兽、汉惠君心爱的舶来品与国际关系……最终，可以不明白何为考古方法，但至少要清楚何为考古目的。

兵马俑是大秦帝国军队、武力的象征。秦国的大一统，不只是秦始皇的雄才伟略，还有无数无名士兵的不懈努力，他们前赴后继，无畏生死，用鲜血缔造出这样一个大秦帝国。他们在为自己赢得军功的同时，也让自己的家人获得了幸福生活，实现了自己的"大理想"，也结束了那个以战争命名的"战国时代"。

基于这样的主题，2023 年 6 月，本书定稿之际，秦始皇帝陵博物院"我是一个兵——秦陵宝藏系列展"开幕。展览最后章节有幅画：一只受伤的鸽子身中一箭，羽毛四散飘落，每一片落下的羽毛上都是秦国统一六国的一场战争，以及在这场战争中逝去的生命的数字，而这些数字背后则是一个个鲜活的人。

策展人运用和平鸽的元素表达了人们对和平生活的美好向往。人性共通，无论是 2000 多年前战火纷飞的战国时代，还是安定幸福的当下，古往今来，和平是人类永恒的主题。从这一角度出发，很容易激发共鸣。

以此作为本书的结语应该很合适。

许卫红　申珅

2022 年 2 月 10 日初稿

2023 年 2 月 16 日定稿

2023 年 6 月 15 日终稿

据《史记》记载，大墨自献公以来，在历次战争中斩首明码记载的总数已达180万。秦胜的战争固然也给秦付带来了巨大的付出，反看天亡一死战，征载大墨死守的将士也并非少数。

公元前293年 秦攻打韩、魏 共斩首24万

公元前300年 秦攻打韩国 斩首2万

公元前331年 秦与魏交战 斩首8万

公元前260年 秦攻打赵国 斩首约45万

公元前314年 秦败魏军4.5万

秦攻打魏国 斩首4万

公元前266年 秦攻打魏国 斩首5万

公元前314年 秦与韩交战 斩首1万

公元前364年 秦与魏交战 斩首6万

公元前257年 秦攻打魏国 斩首0.6万 淹死2万人

公元前234年 秦攻打赵国 斩首10万

公元前256年 秦攻打韩国 斩首4万

公元前317年 秦败韩、赵 斩联军8万

公元前318年 秦击败韩、赵眼军 斩首8.2万

公元前307年 秦攻打韩国 斩首6万

公元前256年 秦攻打赵国 斩首9万

公元前264年 秦攻打韩国 斩首5万

公元前274年 秦攻打魏国 斩首4万

公元前245年 秦攻打魏国 斩首3万

公元前312年 秦败楚军 斩首8万

公元前301年 秦攻打韩、赵、魏联军 斩首13万 沉杀2万于河中

图书在版编目（CIP）数据

寻秦迹：透过秦俑看秦朝/许卫红，申珅著. --
成都：四川人民出版社，2023.12
ISBN 978-7-220-13529-3

Ⅰ.①寻… Ⅱ.①许… ②申… Ⅲ.①中国历史—秦
代 Ⅳ.① K233

中国版本图书馆 CIP 数据核字 (2023) 第 205027 号

XUN QIN JI：TOUGUO QINYONG KAN QINCHAO
寻秦迹：透过秦俑看秦朝
许卫红　申珅　著

出 版 人　　　黄立新
出 品 人　　　柯 伟
选题策划　　　宋 鑫
责任编辑　　　郭 健
特约编辑　　　宋 鑫
营销编辑　　　秦玉枝 林雨桐
装帧设计　　　今亮後聲 HOPESOUND 2580590616@qq.com · 小九
特约校对　　　陈雪媛

出版发行　　　四川人民出版社（成都三色路 238 号）
网　　址　　　http://www.scpph.com
E-mail　　　　scrmcbs@sina.com
新浪微博　　　@ 四川人民出版社
微信公众号　　四川人民出版社
发行部业务电话　（028）86361653　86361656
防盗版举报电话　（028）86361653
照　　排　　　天津星文文化传播有限公司
印　　刷　　　北京盛通印刷股份有限公司
成品尺寸　　　166mm×235mm
印　　张　　　19.5
字　　数　　　201 千
版　　次　　　2023 年 12 月第 1 版
印　　次　　　2023 年 12 月第 1 次印刷
书　　号　　　ISBN 978-7-220-13529-3
定　　价　　　108.00 元